Welche Kartoffeln nehme ich wofür? Wie koche ich Rotkohl so, dass er wie bei Oma schmeckt? Wie zaubere ich mit einfachen Mitteln eine köstliche Sauce? Wie gelingt eine Mehlschwitze? Und wie Mayonnaise? Was ist der Unterschied zwischen Brühe und Fond? Was muss ich beim Fleischkauf beachten? Wie paniere ich ein Schnitzel? Warum braucht Milchreis viel Aufmerksamkeit? Und wie backe ich Käsekuchen?

Mama Mälzer kennt diese Fragen und beantwortet sie mit einer Liebe und Geduld, wie sie nur Mütter haben. Sie erklärt Grundtechniken, leitet Kochlaien Schritt für Schritt an und gibt zahlreiche Tipps, mit denen am heimischen Herd garantiert nichts mehr schiefgehen kann.

Christa Mälzer, geboren 1948, betrieb von April 2006 bis Ende 2007 die legendäre *Oberhafenkantine* in der Hamburger Speicherstadt, wo sie ihren Gästen Bohnenkaffee und Frikadellen mit Kartoffelsalat servierte.

Maria Jansen, geboren 1961, studierte Literaturwissenschaften in Bonn, Hamburg und Lyon. Seit 1996 arbeitet sie als Autorin und selbständige PR-Beraterin in Hamburg.

CHRISTA MÄLZER
MIT MARIA JANSEN

MAMA MÄLZERS KLEINER KÜCHENHELFER

Tipps, Tricks und Rezepte

ILLUSTRIERT VON JOE SADR

Rowohlt
Taschenbuch Verlag

ORIGINALAUSGABE

VERÖFFENTLICHT im Rowohlt Taschenbuch Verlag, Reinbek bei Hamburg, Januar 2009 **COPYRIGHT** © 2009 by Rowohlt Verlag GmbH, Reinbek bei Hamburg **UMSCHLAGGESTALTUNG** ZERO Werbeagentur, München (Foto: Hergen Schimpf) **ILLUSTRATION** Soe Sadr (Umschlag und Innenteil) **LITHOGRAFIE** Grafische Werkstatt Susanne Kreher, Hamburg **SATZ** Swift und ITC Officina PostScript, InDesign, bei KCS GmbH, Buchholz bei Hamburg **DRUCK UND BINDUNG** CPI – Clausen & Bosse, Leck **PRINTED** in Germany **ISBN** 978 3 499 62480 3

Inhalt

BEVOR ES
AN DIE TÖPFE GEHT

Ich weiß nicht, ob es meiner Oma oder auch meiner Mutter überhaupt bewusst war, wie viel Mut zum Kochen und Lust am Genießen sie mir mitgegeben haben. Allein bestimmte Düfte lösen bei mir Erinnerungen an früher aus, wie der Geruch von Braten oder Rouladen. Das waren typische Sonntagsessen bei uns. Wenn dann noch der Duft von Kuchen dazukommt …

Schon als Kind war ich gerne bei meiner Oma in der Küche, wenn sie einen Braten zubereitete, Grünkohl oder rote Grütze kochte, und habe mir dabei ganz nebenbei einige Handgriffe abgeguckt. Nun weiß ich aber, dass so manch einer sich an unsere traditionellen Kochtechniken nicht herantraut, weil sie so schwer erscheinen. Hier möchte ich Mut machen. Jeder, der gerne isst, kann auch kochen. Davon bin ich überzeugt. Darum ist dieses Buch auch kein Kochbuch der herkömmlichen Art. Ich möchte Grundtechniken vermitteln und Tipps geben. So schwer ist Kochen nämlich gar nicht. Trauen Sie sich einfach ran an die Töpfe. Und nehmen Sie sich Zeit zum Einkaufen, Vorbereiten und Kochen.

Ganz viel Spaß macht Kochen übrigens, wenn die Familie oder Freunde mithelfen. Und seien Sie nicht entmutigt, wenn etwas danebengeht. Auch den großen Köchen misslingt schon mal was. Nur: Das bekommen wir in einem guten Restaurant selten mit.

Als Rettungsanker gibt es ja immer noch den Pizzaservice. Und schon bin ich bei Fast Food. Ich habe nichts gegen eine Pizza oder Currywurst. Im Gegenteil: Manchmal habe ich sogar einen Heißhunger darauf. Aber ein selbst- und frischgekochtes Essen ist nicht nur preiswerter, es ist auch gesünder. Denn Fast Food ist nur fast Nahrung.

Keine Zeit zum Kochen? Ein bisschen Zeit muss man sich zum Kochen schon nehmen. Auch wenn die beliebten Kochsendungen den Eindruck vermitteln, dass ein 3-Gänge-Menü in 30 Minuten fertig sein kann. Hinter den Kulissen ist dafür ein ganzer Stab mit den Vorbereitungen beschäftigt. Und nach dem Kochen arbeitet er weiter. Ich wünsche mir manchmal diese Heinzelmännchen.

Wenn Sie noch ungeübt im Kochen sind, schaffen Sie sich Platz und bereiten Sie alles vor. Schnippeln und putzen Sie das Gemüse und stellen Sie die Zutaten und die Kochutensilien bereit. Auch wenn Sie dann viele kleine Schüsseln vor sich stehen haben, die Vorbereitungen helfen Ihnen und lassen Sie viel entspannter kochen.

Und vor allem: Übernehmen Sie sich nicht! Was so einfach aussieht, ist oft das Ergebnis jahrelanger Übung. Auch meine ersten Bratkartoffelversuche gingen in die Hose. Und wenn ich Oma oder meine Mutter dann fragte, was denn nun schon wieder falsch gewesen sei, kam die einfache Antwort: «Kind, du musst Geduld haben. Und nicht zu wenig Fett nehmen.» Und auch meine ersten Mehlschwitzen hatten Klümpchen, bis ich die sichere Methode raushatte.

Sie sollten sich deshalb nur einen schwierigen Teil pro Gericht vornehmen, um sich voll darauf konzentrieren zu können. Dann wird Ihnen Kochen richtig Spaß machen, weil Sie Erfolg haben. Und seien Sie sicher: Wenn Ihnen eine neue Kochmethode erst einmal leicht von der Hand geht, werden Sie sich auch an unbekannte Zutaten heranwagen und anfangen, beim Kochen zu spielen.

Kochen beginnt mit dem Einkauf
oder Beute machen auf dem Markt

Ich habe das große Glück, in einem Stadtteil zu wohnen, in dem viermal in der Woche Markttag ist. Für mich ist so ein Marktbummel wie Urlaub. Vielleicht kennen Sie das Gefühl aus Ihren Ferien, wenn Sie alle Zeit der Welt haben und über einen Wochenmarkt schlendern.

Hier habe ich meine speziellen Händler und Erzeuger, bei denen ich immer wieder gern einkaufe und denen ich vertrauen kann. Sie beraten mich und geben mir wertvolle Tipps für die Zubereitung. Hier darf ich auch mal anfassen und probieren. Und ich habe mich schon oft zum Kauf von etwas verführen lassen, was ich gar nicht kannte.

Nur eins: Kaufen Sie nicht ein, wenn Sie Hunger haben! Aus eigener Erfahrung weiß ich, dass die Arme beim Tragen der eingekauften Lebensmittel sehr lang werden können.

Und noch etwas: Seien Sie anspruchsvoll und legen Sie Wert auf Frische und Qualität! Schon haben Sie die erste Hürde für ein gutes Essen genommen. Beim Kauf von Autos oder Schuhen achtet man doch ebenfalls auf Qualität. Warum denn nicht auch bei dem, was man zum Leben wirklich braucht?

Mein Schlachter an der Ecke sagte mal zu mir, als ich mich für die gute Qualität bedankte: «Ja so ist das, Schiet können Sie woanders kaufen und viel billiger.» Beim Fremdgehen musste ich diese Erfahrung mit einem Braten machen. Der war im Ofen um die Hälfte eingelaufen. So etwas wäre bei Schlachter Engel sicher nicht vorgekommen.

Natürlich hat Qualität ihren Preis. Aber Sie werden es schmecken. Außerdem kann man qualitativ hochwertig und doch preisbewusst einkaufen. Bleiben Sie einfach bei saisonalen und regionalen Erzeugnissen. Das lässt den Geldbeutel deutlich langsamer schrumpfen. Kaufen Sie weniger, aber Qualität.

DAS GEHÖRT IN JEDE KÜCHE

Wenn man heute in einen Haushaltswarenladen geht, wird man von den vielen Küchengeräten fast erschlagen. Doch nicht alles, was der Handel hergibt, macht in einer Küche Sinn. Vieles halte ich für völlig überflüssig. Und Küchengeräte oder Töpfe, die man selten braucht, kann man sich auch mal ausleihen. Unser 15-Liter-Familienfestesuppentopf (was für ein Wort!) ist ein richtiger Wandervogel.

Fünfzehn-Liter-Familienfeste-Suppentopf-Wandervogel

Im Zusammenhang mit den Küchenwerkzeugen denke ich gerne an unsere Urlaube in dänischen Ferienhäusern. Dort fand man oft nur das Nötigste vor. Und trotzdem haben wir die tollsten Essen gekocht, denn die wichtigsten Küchenutensilien waren vorhanden.

Bei einigen Geräten sollten Sie jedoch auf gute Qualität achten. Und Sie sollten sie gut behandeln. Dann haben Sie sehr lange Freude daran. Meine Oma hat uns ein Messer vererbt, das – solange ich denken kann – nur sie benutzte, und sie wurde 90 Jahre alt.

Messer

Sollten gut in der Hand liegen.
Klinge und Griff sollten aus einem Stück geschmiedet sein.
Messer sollten immer scharf sein, sonst besteht Verletzungsgefahr durch Abrutschen.
Nach Gebrauch von Hand reinigen und abtrocknen.
Niemals in die Spülmaschine geben, sie werden stumpf.
Nur auf Holz oder Kunststoffbrettern schneiden.
Im Messerblock oder in einer Schutzhülle aufbewahren.

Sie brauchen
– ein Kochmesser mit großer Klinge als Allzweckmesser,
– ein Messer mit Wellenschliff für Brot und weiches Gemüse,
– ein Schälmesser.

Hilfreich sind außerdem
– ein Sparschäler,
– eine Küchenschere.

Töpfe

Diese Töpfe reichen für die Grundausstattung:
– Suppen- oder Nudeltopf,
– Gemüse- oder Kartoffeltopf,
– Schmortopf, am besten aus Gusseisen,
– Kasserolle zum Reduzieren und für Saucen.

Die Griffe sollten aus Metall sein, damit man den Topf in den Backofen stellen kann.

Die Größe der Töpfe richtet sich nach der Größe Ihrer
Familie.

Pfannen

Auf sehr gute Qualität achten, Sie haben einfach länger
Freude an Ihren Pfannen.

Sie sollten einen schweren planen Boden haben, der sich
unter Hitze nicht verzieht.

Beschichtete Pfannen sind sensibel und haben Feinde wie
Messer, Gabeln oder Metallküchenwerkzeuge.

Edelstahl ist haltbar und pflegeleicht.

Gusseiserne Pfannen halten die Hitze besonders gut und
gleichmäßig.

Eine Pfanne muss sich einbraten, nach Möglichkeit deshalb
ohne Spülmittel reinigen. Omas Pfannen wurden nur mit
Salz und Pergamentpapier gereinigt, aber alles, was aus
diesen Pfannen kam, war gelungen.

Bräter

Am besten sind Bräter aus Gusseisen oder emailliertem
Eisen.

Der Boden sollte so beschaffen sein, dass man ihn auch
zum Anbraten auf dem Herd nutzen kann.

Wenn er einen Deckel hat, bleibt alles schön saftig.

Feuerfeste Auflaufform

Für Aufläufe und Überbackenes.

Großes Schneidebrett

Ich bevorzuge ein Holzbrett mit einer Saftrille.

Kochlöffel
Sollten aus Holz sein, weil Plastik-
löffel schmelzen können.

Pfannenheber
Zum Wenden in der Pfanne.
Sollte hitzebeständig sein.
Für beschichtete Töpfe oder Pfannen Pfannenheber aus
Silikon bevorzugen.

Schaumkelle
Ist die mit den Löchern, zum Abschäumen und Herausnehmen aus Flüssigkeit.

Schöpfkelle
Zum Auffüllen von Suppe.

Schneebesen
Was immer es zu rühren oder schlagen gibt, macht man
mit dem Schneebesen.

Kartoffelstampfer
Unentbehrlich für Kartoffelpüree.

Messbecher

Sollte hitzebeständig sein.

Skalierung sollte gut sichtbar sein.

Angabe in Gramm und Kubikzentimetern.

Rührschüsseln

Zwei, drei reichen.

Edelstahlschüsseln kann man ins Wasserbad stellen.

Durchschlagsiebe

Mit großen Löchern zum Abgießen.

Mit kleinen Löchern zum Passieren.

Zitronenpresse

Am besten mit einem Auffangbehälter.

Küchenreibe

Ideal aus Edelstahl.

Die Vierkantreibe ist für unterschiedliche Reibearten optimal.

Und jetzt noch ein paar nützliche, aber nicht unbedingt notwendige Küchenhelfer:

Salatschleuder Mit ihr kann man ganz souverän, einfach und schnell den gewaschenen Salat und Kräuter von überschüssigem Wasser befreien. Sie ist eins meiner Lieblingsgeräte und braucht keinen Strom.

Pürierstab oder Stabmixer Zum Aufschlagen von Suppen und Saucen. Zum Pürieren von Obst und Gemüse. Zum Mixen von Flüssigkeiten.

Handrührgerät Zum Rühren und Schlagen von Kuchen, Sahne, Cremes oder Mayonnaise.

Küchenwecker Er erinnert einen an alles. Man muss ihn nur aufziehen.

Küchengarn Ist ein bisschen aus der Mode, weil es für alles und jedes heute Klammern gibt. Aber es ist ein nützlicher Helfer, notfalls können Sie auch Ihr Weihnachtspaket damit verschnüren.

Fleischthermometer Es zeigt die Temperatur im Inneren des Bratens an. Man kann den optimalen Garzustand einzelner Fleischsorten messen.

KLEINE KRÄUTERKUNDE

Kochen macht erst richtig Spaß, wenn man mit Kräutern umgeht. Viele Kräuter waren zunächst als Heilkräuter bekannt, sind aber zum Würzen nicht mehr aus der Küche wegzudenken. Auf dem Markt einmal quer in den Kräuterstand gegriffen und alles in meinen Quark gerührt: Wenn ich das gegessen habe, geht es mir richtig gut. Und ich möchte auch auf meine Kräuterecke auf dem Balkon nicht mehr verzichten.

Wasserhaltige Kräuter

Wasserhaltige Kräuter werden nicht mitgekocht. Sie werden erst kurz vor dem Servieren geschnitten und in den Salat gerührt oder über die Speise gestreut.

Basilikum verträgt sich bestens mit Tomaten und dient als Rohstoff für Pesto.

Bohnenkraut passt, wie der Name schon sagt, besonders gut zu Bohnengerichten und anderen Hülsenfrüchten.

Dill schmeckt wunderbar zu Fisch und Gurken.

Estragon ist das Gewürz der Sauce béarnaise und schmeckt gut zu Fisch und Eierspeisen.

Kerbel verfeinert Cremesuppen, Salat und Saucen. Er passt auch gut zu Rührei.

Petersilie gibt es kraus und glatt. Ich verwende mittlerweile eigentlich nur noch Blattpetersilie, weil die aromatischer ist. Sie passt zu allem.

Schnittlauch passt gut in Salate und zu Eiern.

Ölhaltige Kräuter

Ölhaltige Kräuter werden mitgekocht, damit sie ihr Aroma an die Speisen abgeben.

Lorbeer verleiht Suppen, Eintöpfen und Schmorgerichten einen würzigen, kräftigen Geschmack.

Majoran schmeckt gut zu Möhren, deftigen Eintöpfen und Gans.

Oregano kam mit der Pizza auf unseren Speiseplan.

Rosmarin gibt Lammgerichten, Kartoffeln und anderem Gemüse einen mediterranen Geschmack.

Salbei schmeckt wunderbar zu fetten, deftigen Gerichten.

Thymian ist der Hauptbestandteil der Kräutermischung «Kräuter der Provence» und schmeckt zu Schmorgerichten.

FETTE –
WAS MAN WISSEN MUSS

Nur wenige Fette vertragen die hohen Temperaturen, die zum Braten nötig sind. Dazu gehören **Butterschmalz** (nehme ich gern wegen des buttrigen Geschmacks), **Maiskeimöl**, **Sonnenblumenöl** und ein **einfaches Olivenöl**.

Temperaturcheck fürs Bratfett

Fett darf auf keinen Fall rauchen. Sie erkennen, dass das Bratfett heiß genug ist, wenn Sie die Pfanne leicht schräg halten und den Stiel vom hölzernen Kochlöffel kurz in das zusammenlaufende Fett halten. Sobald das Fett heiß genug ist, steigen daran Bläschen auf. Danach Hitze reduzieren.

Butter hingegen sollten Sie nur im schwachen Temperaturbereich erwärmen, denn Butter verbrennt ziemlich schnell. Zum Dünsten, Backen und für Rührei ist Butter jedoch gut.

Wenn Sie Butter erwärmen, schmilzt sie zuerst und schäumt danach. Wenn dann die Bläschen wieder verschwinden, ist die Butter heiß genug und sollte nicht weiter erhitzt werden.

Die kaltgepressten Pflanzenöle wie extra natives **Olivenöl**, **Walnussöl**, **Kürbiskernöl** oder **Traubenkernöl** sind mir viel zu schade, um sie überhaupt zu erhitzen. Ich gebe sie eigentlich nur zum Würzen auf Salate und in fertige Suppen.

Sie wundern sich jetzt vielleicht, weil in mediterranen Ländern doch mit kaltgepressten Ölen gekocht wird. Aber dort wurde noch sehr lange mit Feuerholz gekocht. Da wurde das Öl nicht so heiß.

KARTOFFELN
– DAS ALLROUNDGEMÜSE

Sie hat es verdient, dass ich ihr ein eigenes Kapitel widme – die gute alte Kartoffel. Kaum ein anderes Gemüse ist so vielseitig zuzubereiten wie die Kartoffel: von fein bis deftig, gekocht, gebraten, im Ofen gebacken, als Püree, im Eintopf.

Sie mag es angezogen, in der Schale gekocht.

Sie mag es ausgezogen, also geschält oder aus der Schale gepellt.

Sie nimmt es auch nicht übel, wenn sie ganz herzlich gedrückt wird.

Und sie verträgt sich bestens mit anderem Gemüse. Kurz, die Kartoffel ist genial und schmeckt einfach köstlich.

Am besten schmecken natürlich die Frühkartoffeln, wenn man sie selbst erntet. Als Kinder durften wir im Frühjahr, so gegen Ende Mai, wenn der Spargel gestochen wurde, im Garten der Großeltern die ersten neuen Kartoffeln aus dem Boden holen. Die Kartoffeln waren noch ganz klein, und es hat Spaß gemacht, die Erde nur mit einer Bürste abzuschrubben und dann unsere selbstgeernteten Kartoffeln zu kochen und natürlich zu essen. Mit einem Stück Butter serviert sind Frühkartoffeln noch heute ein Festessen für mich.

In meiner Ernährung hat die Kartoffel einen wichtigen Platz. Warum? Ganz einfach, weil die Kartoffel ein sehr hochwertiges Eiweiß und viele wichtige Vitamine und Mineralstoffe liefert, die wir zum Leben brauchen. Das macht sie für eine vollwertige, ausgewogene Ernährung so wertvoll.

Trotzdem hält sich so manches Vorurteil gegen Kartof-

ICH BIN EINE DICKE NÄHRSTOFFBOMBE!

feln hartnäckig. Zum Beispiel, dass Kartoffeln dick machen. Aber damit tut man der Kartoffel unrecht. Sie besteht nämlich zu ca. 80 Prozent aus Wasser und nur zu 15 Prozent aus Kohlenhydraten. Wenn etwas dick macht, dann sind es die Buttersaucen, das Fett in den Bratkartoffeln oder die Sahne im Gratin …

Aus der Wahl der richtigen Kartoffelsorte kann man eine Philosophie machen, wenn man will. Man muss es aber nicht. In Deutschland werden über 200 Kartoffelsorten angebaut, viele davon ausschließlich regional. Ich mag am liebsten die schönen gelben, festkochenden Sorten.

Wenn Sie mich trotzdem fragen, welche Kartoffel Sie nehmen sollen? Am besten, Sie nehmen eine regionale Kartoffel, die keine langen Wege hinter sich hat, und da am besten eine Biokartoffel. Ich finde wirklich, dass man das schmeckt.

Ich selbst kaufe Kartoffeln auf dem Wochenmarkt direkt bei einem Erzeuger, dem ich vertraue. Der ist auf Kartoffeln spezialisiert und kann mir viel über die verschiedenen Kartoffeln erzählen. Wenn ich was Neues ausprobieren möchte, frage ich ihn gern Löcher in den Bauch. So macht mir schon das Einkaufen Spaß. Und ich merke, dass auch der Kartoffelbauer gerne mit mir über seine Produkte spricht. Schließlich ist der Kartoffelanbau sein Beruf. Und mal ehrlich, freuen Sie sich nicht über echtes Interesse an dem, was Sie den ganzen Tag so treiben?

Die meisten Nährstoffe liegen unter der Schale, daher sind Pellkartoffeln die bessere, weil gesündere Art der Zubereitung. Aber! Eine gute Bratensauce, mit einer Salzkartoffel aufgenommen, ist doch einfach nur lecker! Also denken Sie daran: Nichts ist ungesünder als Dogmatismus. Auch beim Kochen.

Kleine Warenkunde

Man unterscheidet die Kartoffelsorten nach ihren Koch-
eigenschaften wie festkochend, vorwiegend festkochend
und mehlig kochend. Im Supermarkt sind die Kartoffel-
beutel farbig gekennzeichnet. Eine grüne Markierung steht
für festkochende, eine rote für vorwiegend festkochende
und eine blaue für mehlig kochende Sorten.

Festkochende Kartoffeln fallen beim Kochen nicht auseinander. Deshalb sind sie ideal für Gerichte, bei denen
die Kartoffeln ihre Form behalten sollen wie Pellkartoffeln,
Kartoffelsalat oder Bratkartoffeln.

Vorwiegend festkochende Kartoffeln sind sehr beliebt, weil
sie so anpassungsfähig sind und fast alles mitmachen. Sie
werden nicht ganz so weich wie mehlig kochende und
bleiben nicht ganz so fest wie festkochende Kartoffeln. Sie
eignen sich dadurch gut als Salzkartoffeln zum Aufnehmen
von Saucen.

Mehlig kochende Kartoffeln springen beim Kochen auf. Sie
eignen sich gut für Kartoffelpüree, Klöße oder Folienkar-
toffeln und sämige Eintöpfe sowie zum Binden von Saucen.

Neben Kohlenhydraten (15 Prozent) liefern Kartoffeln ein
besonders hochwertiges Eiweiß und sind mit den Vitaminen
C, B_1, B_2 und B_6 und den Mineralstoffen Kalium, Magnesi-
um, Eisen wahre Vitamin- und Mineralstoffbomben.

Die sieben wichtigsten Kartoffel-Tipps

TIPP 1 Möglichst gleich große Kartoffeln auswählen, damit die Kartoffeln beim Kochen gleichzeitig gar werden.

TIPP 2 Kartoffeln in kaltem Wasser aufsetzen, denn heißes Wasser verklebt die Stärke an der Oberfläche, und die Kartoffeln brauchen viel länger, um gar zu werden.

TIPP 3 Ein Schuss Öl oder ein Stück Butter im Kochwasser verhindert, dass das Wasser überkocht.

TIPP 4 Je dicker eine Kartoffel ist, desto länger braucht sie zum Garen. Um zu testen, ob eine Kartoffel gar ist, mit einem spitzen Messer bis zur Mitte in eine Kartoffel hineinstechen. Wenn die Kartoffel sich selbständig vom Messer löst, ist sie gar.

TIPP 5 Gekochte Kartoffeln nach dem Abgießen abdämpfen, damit sie schön trocken sind. Dazu einfach den Deckel vom Topf nehmen.

TIPP 6 Wenn Kartoffeln warm gehalten werden müssen, ein Geschirrtuch zwischen Topf und Deckel legen. Dann bleibt die Feuchte im Tuch hängen, und die Kartoffeln trocknen nicht aus.

TIPP 7 Kartoffeln dunkel und kühl aufbewahren. Grün gefärbte Kartoffeln nicht mehr verwenden, denn sie haben zu viel Licht bekommen und dabei die giftige Substanz Solanin entwickelt.

SALZKARTOFFELN

Sie brauchen:

Man rechnet über den Daumen 2 bis 3 mittelgroße Kartoffeln pro Person. Doch der Appetit der Esser bestimmt die richtige Menge.

1 Kartoffeln waschen, schälen und in kaltes Wasser legen, damit sie nicht braun werden.

2 Zum Kochen gerade so viel kaltes Wasser nehmen, dass die Kartoffeln knapp bedeckt sind. Das spart Energie und beugt dem Auslaugen vor.

3 Das Kochwasser leicht salzen und bei geschlossenem Deckel zum Kochen bringen.

TIPP Salzen Sie vor allem als Anfänger lieber weniger als mehr. Wer einmal versalzene Kartoffeln gegessen hat, weiß, warum. Und wer es salziger mag, kann seine Kartoffeln noch bei Tisch nachsalzen.

4 Sobald das Kartoffelwasser kocht, Hitze auf mittlere Temperatur reduzieren, sodass die Kartoffeln weiterköcheln und in rund 20 Minuten gar kochen.

5 Die Garprobe machen, Wasser abgießen und das Restwasser abdämpfen lassen (siehe Kartoffel-Tipps 4 und 5).

Wer darf und mag, gibt zerlassene Butter dazu.

KARTOFFELPÜREE

Geschmäcker sind unterschiedlich. Kartoffeln auch. So enthält die eine Kartoffelsorte mehr, die andere weniger Wasser. Die Mengenangaben für Flüssigkeit und Fett in diesem Rezept sind deshalb Richtwerte und können nach Ihren Vorlieben abgewandelt werden.

Sie brauchen für 4 Personen:

etwa 1 kg am besten mehlig kochende Kartoffeln
50 g Butter (darf auch gern mehr sein)
ca. ¼ l Milch oder Sahne
Salz, Muskatnuss

1 Kartoffeln schälen, in gleich große Stücke schneiden und mit Wasser knapp bedeckt gar kochen.

2 Kartoffelwasser abgießen, einen Teil aufheben.

3 Kartoffeln mit einem Kartoffelstampfer möglichst fein stampfen oder durch eine Kartoffelpresse drücken. **ACHTUNG!** Auf keinen Fall den Pürierstab benutzen, sonst mutiert Ihr Kartoffelpüree zu Tapetenkleister.

4 Butter in Flocken unterrühren.

5 Milch oder Sahne erhitzen und nach und nach unter die Kartoffelmasse rühren, bis das Kartoffelpüree die richtige Konsistenz hat.

6 Mit Salz und geriebener Muskatnuss abschmecken.

TIPP Bewahren Sie einen Teil des vitamin- und mineralstoffreichen Kochwassers auf und ersetzen Sie damit einen Teil der Sahne. Ein zusätzlicher Schuss Mineralwasser macht die Masse richtig schön luftig, wenn Sie sie noch einmal kräftig mit dem Schneebesen durchrühren.

Was Sie sonst noch mit Kartoffelpüree machen können:
Ersetzen Sie einen Teil der Kartoffeln durch gekochte Karotten oder Sellerie. Wie viel, bleibt Ihrem Geschmack überlassen. Schließlich kommt es darauf an, ob Sie Sellerie-Kartoffelpüree oder lieber Kartoffel-Selleriepüree möchten.

Oder würzen Sie das Kartoffelpüree mit feingeschnittenen Kräutern wie Schnittlauch, Petersilie oder Kerbel oder mit Knoblauch.

PELLKARTOFFELN

Pellkartoffeln sind nicht nur schnell und einfach zubereitet. Sie schmecken auch köstlich. Ganz besonders liebe ich Pellkartoffeln mit Kümmelquark. Ich gebe dann auch ins

Kochwasser Kümmel hinein. Zur Not könnte ich mich davon ernähren. Deshalb ist in meinem Kühlschrank fast immer Quark zu finden. Das habe ich von meiner Oma. Aber Kümmel ist nicht jedermanns Sache. Probieren Sie aus, was Ihnen schmeckt. Vielleicht bevorzugen Sie ja Quark mit frischen Kräutern wie Dill, Petersilie, Schnittlauch, Kresse oder Basilikum. Bei neuen Kartoffeln ist die Schale so zart, dass man sie gut mitessen kann.

Ich koche übrigens gerne mehr Pellkartoffeln, als benötigt werden. Bislang haben sich noch immer dankbare Abnehmer gefunden. Und wenn es die eine oder andere abgekühlte und gepellte Kartoffel dann tatsächlich bis in den Kühlschrank schaffen sollte: Aus kalten Pellkartoffeln vom Vortag macht man die besten Bratkartoffeln und Kartoffelsalate.

TIPP Pellkartoffeln lassen sich besser pellen, wenn sie noch heiß sind.

Sie brauchen für 4 Personen:

etwa 1½ kg gleich große, festkochende Kartoffeln

1 Kartoffeln unter fließendem Wasser gründlich bürsten und waschen.

2 In einen Topf geben, knapp mit kaltem Wasser bedecken und bei geschlossenem Deckel zum Kochen bringen.

3 Sobald das Wasser kocht, Hitze auf mittlere Temperatur reduzieren, sodass die Kartoffeln leicht weiterköcheln und in rund 20 Minuten gar kochen.

4 Die Garprobe machen, Wasser abgießen und mit kaltem Wasser ganz kurz abschrecken. Die Kartoffeln lassen sich dann besser pellen.

KARTOFFELSALAT
– DER KLASSIKER

Beim Kartoffelsalat hat wohl jede Familie ihr eigenes Rezept. Außerdem sind der Phantasie wirklich keine Grenzen gesetzt, was so alles in den Salat hineinkommen kann. Hauptsache, es sind ein paar Kartoffeln dabei.

Ein Anlass für einen Kartoffelsalat bietet sich immer wieder. Als mein Sohn das Abitur schrieb, hat er sich von mir eine große Schüssel Kartoffelsalat gewünscht, die er in die Schule mitnehmen wollte. Er hat sie bekommen, aber selbst wohl nicht so viel davon abbekommen. Na ja! Jedenfalls haben alle bestanden. Muss wohl am Salat gelegen haben. Ich verrate Ihnen deshalb das Rezept vom Abitursalat.

Sie brauchen für 4 Personen:

1 kg festkochende Pellkartoffeln, am besten vom Vortag
½ l gekörnte Brühe oder Gemüsebrühe
2 kleine Gewürzgurken und etwas Gurkenwasser oder
    Essig
1 Zwiebel
3 Eier
½ Salatgurke
1 Bund Petersilie, Dill und Schnittlauch
    oder Kräuter nach Wahl
1 Becher Schmand oder Crème fraîche
2 EL Mayonnaise
Salz, Pfeffer

1 Pellkartoffeln am besten am Vortag kochen und pellen.

2 Brühe zubereiten und mit dem Gurkenwasser oder Essig säuerlich abschmecken.

3 Kartoffeln in nicht zu dünne Scheiben schneiden.

4 Zwiebel pellen, in kleine Würfel schneiden und in einer Schüssel über die Kartoffeln verteilen.

5 Die warme Brühe über die Kartoffelscheiben geben und ca. 1 Stunde marinieren.

6 Eier hart kochen, pellen, abkühlen lassen und grob hacken.

7 Gewürzgurken in Würfel schneiden.

8 Salatgurke schälen, halbieren und die Kerne mit einem Löffel ausschaben. Anschließend Gurke in grobe Scheiben schneiden.

9 Salatkräuter waschen, trocknen und fein schneiden.

10 Die marinierten Kartoffeln über einem Sieb abgießen, in eine Schüssel füllen.

11 Alle übrigen Zutaten hinzufügen und miteinander vermengen.

12 Den Salat noch etwa 1 Stunde im Kühlschrank ziehen lassen.

Das Geheimnis richtig guter
BRATKARTOFFELN

Bratkartoffeln brauchen vor allem eins: Geduld, Geduld und noch einmal Geduld. Und Zeit. Es dauert einfach, bis sich die schmackhafte, leicht gebräunte Kruste bildet, für die die Bratkartoffeln so geliebt werden. Und diese Zeit muss man sich nehmen.

Ich nehme zum Braten Butterschmalz. Es hat den satten Buttergeschmack, der für mich zu Bratkartoffeln einfach dazugehört. Butter hingegen ist zum Braten ungeeignet, sie verbrennt bei der hohen Brattemperatur.

Und: Zu Bratkartoffeln gehören Zwiebeln.

Sie brauchen:

gekochte und auf jeden Fall abgekühlte Pellkartoffeln
    am besten vom Vortag
zum Braten reichlich Butterschmalz oder ein neutrales
    Bratöl
für den Geschmack 1 Zwiebel; wenn Sie mögen, durch-
    wachsenen Speck
Salz, Pfeffer

TIPP Ich brate den feingeschnittenen Speck und die Zwiebel vorher und gebe sie erst zu den Kartoffeln, wenn sie fast fertig sind. So verbrennt nichts.

1 Pellkartoffeln kochen, pellen und abkühlen lassen.

2 Kartoffeln in gleichmäßige, nicht zu dünne Scheiben schneiden – sonst bekommen Sie Chips und keine saftigen Bratkartoffeln.

3 Fett in der größten Pfanne erhitzen, die Sie haben. Das Bratfett soll heiß sein. Sonst saugen sich die Kartoffeln mit zu viel Fett voll und werden nicht knusprig.

4 Kartoffelscheiben hinzufügen und Hitze unbedingt auf mittlere Temperatur reduzieren, weil die Kartoffelscheiben sonst austrocknen und zu schnell dunkel werden.

TIPP Am besten, Sie nehmen nur so viele Kartoffeln, dass der Pfannenboden bedeckt ist, dann bräunen sie gleichmäßiger. Also bei größeren Portionen lieber mit zwei Pfannen arbeiten.

5 Zuerst die eine Seite goldbraun braten. Hier ist Ihre Geduld gefragt.

6 Dann die Kartoffelscheiben behutsam mit dem Pfannenheber wenden und die zweite Seite goldbraun braten.

7 Erst wenn auch die zweite Seite fast fertig ist, die kleingeschnittene Zwiebel (siehe Tipps Seite 38) und eventuell Speck über die Kartoffeln geben und mit Salz und Pfeffer aus der Mühle würzen.

TIPPS ZUM ZWIEBELPELLEN Zwiebeln in der Schale in warmes Wasser geben und 3 bis 5 Minuten darin liegen lassen. Die Schalen lassen sich danach leicht abziehen – bei größeren Mengen eine enorme Zeitersparnis. Achten Sie darauf, dass Sie zunächst nur das Fasrige der Zwiebelwurzel abschneiden. Die Wurzel hält die Zwiebel beim Schneiden zusammen. Wenn man Zwiebeln vor dem Schneiden unter kaltem Wasser abspült, soll das Tränen vorbeugen. Ich heule trotzdem immer. Aber das macht die Augen klar. Die Zwiebeln halbieren, zunächst in Längsrichtung in Streifen und dann quer in Würfel schneiden.

KARTOFFELGRATIN

Kartoffelgratin eignet sich gut als Beilage zu kurzgebratenem Fleisch, das von sich aus keine Sauce abgibt.

Sie brauchen als Beilage für 4 Personen:

1 Knoblauchzehe
Butter für die Form und Flöckchen
1 kg Kartoffeln
¼ l Sahne – oder, wenn Sie mögen, auch teilweise durch
   Milch, Crème fraîche oder Schmand ersetzt
Salz, Pfeffer, Muskatnuss

1 Eine feuerfeste Form mit der Knoblauchzehe einreiben und mit Butter einfetten.

2 Die Kartoffeln schälen und in ca. 3 Millimeter dicke Scheiben schneiden.

3 Die Kartoffelscheiben fächerförmig in die Form schichten.

4 Die Sahne mit Salz, Pfeffer und eventuell einer Prise Muskat würzen und über die Kartoffeln geben.

5 Butterflöckchen großzügig darüber verteilen.

6 Im Backofen bei 180 Grad ca. 40 Minuten garen. Die Kartoffeln sollen weich sein und oben eine goldbraune Kruste haben.

Wie Sie Ihr Gratin abwandeln können:

Statt der Kartoffeln lassen sich auch andere Gemüse wie Karotten, Kohlrabi und Zucchini zu Gratin verarbeiten.

KARTOFFEL-PORREE-AUFLAUF

Ähnlich wie Gratin wird unser Kartoffel-Porree-Auflauf zubereitet. Der schmeckt gut, kostet nicht viel und ist gesund. Dieses Rezept ist allerdings nicht von Oma, denn mit so viel Knoblauch hat Oma nicht gekocht.

Sie brauchen für 4 Personen:

Butter für die Form und Flöckchen
ca. 750 g Kartoffeln
4 Porree
12 Knoblauchzehen
so viel Sahne, dass gut drei Viertel des Gemüses in der
    Flüssigkeit liegen
Salz, Pfeffer

TIPP ZUM PORREEWASCHEN Die harten, dunkelgrünen Teile und den Wurzelansatz abschneiden. Den Porree einmal der Länge nach einschneiden. Dann unter fließendem Wasser vom Wurzelansatz zum Kopf hin gründlich waschen und dabei ruhig auch die einzelnen Schichten etwas auseinanderbiegen. Im Porree versteckt sich häufig Sand, der so ausgespült wird.

1 Eine feuerfeste Form mit Butter einfetten.

2 Die Kartoffeln schälen und in feine Scheiben schneiden.

3 Porree gut waschen, den Wurzelansatz abschneiden und die Stangen in ca. 3 Zentimeter große Stücke schneiden. Das harte Grün vom Porree nicht verwenden.

4 Die Knoblauchzehen pellen.

5 Die Kartoffelscheiben mit Porree und den ganzen Knoblauchzehen mischen und in die Form geben.

6 Die Sahne mit Salz und Pfeffer würzen und über die Kartoffel-Porree-Knoblauch-Mischung geben, sodass gut drei Viertel der Menge in der Flüssigkeit liegen.

7 Butterflöckchen großzügig darüber verteilen und ab in den Ofen bei 180 Grad.

8 Nach einer halben Stunde die Mischung einmal wenden und noch 20 bis 30 Minuten weitergaren.

TIPP Knoblauchzehen vor dem Pellen leicht anpressen. Die Schale trennt sich so leichter von der Zehe.

KARTOFFELPUFFER

Wenn Sie für Ihre Familie oder Freunde Kartoffelpuffer machen, bringen Sie ihnen ein Opfer. Denn Kartoffelpuffer sind für Sie ein einsames Essen, weil Sie nur am Herd stehen und Puffer braten. Aber Kartoffelpuffer schmecken nun einmal am besten, wenn sie frisch aus der Pfanne kommen.

Sie brauchen für 4 Personen:

2 kg möglichst große Kartoffeln
2 kleine Zwiebeln
2 TL Salz
3 Eier
1 EL Mehl oder Haferflocken
reichlich Öl zum Braten, am besten eignet sich Sonnenblumenöl oder ein anderes neutrales Öl, das sich gut
erhitzen lässt

1 Die Kartoffeln schälen und die Zwiebeln pellen.

2 Kartoffeln und Zwiebeln in eine Schüssel reiben.

3 Alles in ein Geschirrtuch geben und die Flüssigkeit herausdrücken.

4 Die Kartoffel-Zwiebel-Mischung wieder in die Schüssel geben.

5 Salz, Eier und Mehl oder Haferflocken dazugeben und alles zu einer breiigen Masse verrühren.

6 Bratfett in die Pfanne geben, sodass der Boden gut bedeckt ist, und erhitzen.

WICHTIG ! Das Fett muss sehr heiß sein, sonst saugen die Puffer zu viel Fett auf.

7 Mit einer kleinen Schöpfkelle 2 bis 3 Portionen in die Pfanne geben und die Puffer flach drücken.

8 Von der einen Seite goldbraun braten.

9 Wenn der Rand eine braune Kruste gebildet hat, die Puffer mit dem Pfannenheber wenden und die zweite Seite goldbraun braten.

10 Puffer kurz auf Küchenpapier legen, damit das überschüssige Fett aufgesaugt wird.

Dazu schmeckt Apfelmus oder Preiselbeerkompott. Ich esse auch gern die Mälzer'sche Remoulade dazu (siehe Seite 92–93).

Was Sie sonst noch mit Kartoffelpuffern machen können:

Versuchen Sie auch einmal, einen Teil der Kartoffeln durch Zucchini oder Karotten zu ersetzen. Dazu esse ich gern einen Dip aus Quark und frischen Kräutern.

Für den Kräuterquark:

1 250 g Quark mit Milch, Sahne oder Mineralwasser mit dem Schneebesen cremig aufschlagen.

2 Frische Kräuter, zum Beispiel Petersilie, Dill, Schnittlauch, Kerbel und Basilikum (Menge nach Geschmack), klein schneiden und unter den Quark rühren.

3 Mit Salz und etwas Zitronensaft abschmecken.

KARTOFFELKLÖSSE

Kartoffelklöße sind nicht gerade meine Königsdisziplin, aber der Vollständigkeit halber müssen auch sie hier ihren Platz bekommen. Da meine Schwiegermutter aus Thüringen stammte und eine gute Köchin war, habe ich versucht, ihr über die Schulter zu schauen. Doch das Ergebnis meiner Thüringer Klöße, die nur aus Kartoffeln bestehen, war die reinste Katastrophe. Sie hatten sich komplett im Wasser aufgelöst. Ich will also nicht weiter um den heißen Brei – oder besser noch um die Kartoffelflöckchen im Kochwasser – herumreden: Ich kann es nicht!!!

Außerdem essen wir Norddeutschen eher Kartoffeln als Klöße. Einen Trost spendete mir ein wirklich guter Koch: Auch Profiköche brauchen viel Erfahrung und Übung. Darum, es gibt immer noch den Supermarkt und die Kühltruhe, wo man ganz passable Klöße kaufen kann. Ich bitte um Entschuldigung.

GEMÜSE

Für mich ist der Gemüsestand auf dem Markt die ideale Anregung für ein schönes Essen. Gerade im Sommer und Frühherbst bekomme ich an so einem Gemüsestand Lust, wieder einmal mehr als nötig einzukaufen. Die Früchte wetteifern in den schönsten Farben, um von mir mitgenommen zu werden.

Gemüse lässt sich in der Regel ziemlich schnell zubereiten. Allerdings braucht man zum Waschen und Schnippeln etwas Zeit. Wer einen Garten hat, weiß, wie schön es ist, das Gemüse zu ernten, es schon im Garten zu waschen und auf der Terrasse zuzubereiten. Besonders viel Spaß macht es, wenn man dabei nicht allein ist und Hilfe hat.

Die Zahl der Gemüsesorten und ihrer Zubereitungsarten ist so groß, dass ich Ihnen hier nur anhand einer kleinen Auswahl vorstellen möchte, wie ich das Gemüse zubereite. So bekommen Sie Anregungen, was Sie aus verschiedenem Gemüse machen können. Und mit etwas Mut trauen Sie sich danach auch an andere Gemüsesorten heran, zum Beispiel an Ihre Entdeckungen vom Wochenmarkt. Ich frage den Gemüsebauer gerne um Rat, wenn ich etwas Neues ausprobieren möchte. So kommt Abwechslung in meinen Speiseplan.

Die fünf wichtigsten Einkaufs-Tipps

TIPP 1 Auf gute Qualität achten: Das Gemüse sollte keine Druckstellen, Verfärbungen oder welken Blätter haben.

TIPP 2 Gemüse soll sich fest und knackig anfühlen, also ruhig mal anfassen.

TIPP 3 Einheimisches Gemüse und dann am besten aus kontrolliert biologischem Anbau kaufen. Da dieses keine langen Transportwege hinter sich hat, sind die meisten Vitamine, Aroma- und Nährstoffe erhalten. Auch unter ökologischen Aspekten – keine Pflanzenschutzmittel, Dünger, weniger Autoabgase durch Transport – wichtig.

TIPP 4 Saisonales Gemüse kaufen! Jedes Gemüse hat seine Saison und Erntezeit (siehe auch Übersicht auf Seite 218–221). Es ist sinnvoll, ein Gemüse dann zu essen, wenn seine Zeit gekommen ist. Das steigert nicht nur die Vorfreude auf bestimmtes Essen, zum Beispiel Spargel, sondern eindeutig auch den Genuss. Erst wenn Gemüse reif geerntet wird, kommt das volle Aroma zur Geltung. Natürlich kaufe ich nach einem langen Winter auch manchmal den ersten ausländischen Spargel, den ich auf dem Wochenmarkt entdecke. Aber der Geschmack lässt sich nicht mit dem vom frischgestochenen Spargel aus der Region vergleichen.

TIPP 5 Gemüse lieber beim Erzeuger kaufen. Er beantwortet gerne alle Fragen zur Herkunft, Lagerung und eventuell auch Zubereitung.

WAS SIE FÜR DIE ZUBEREITUNG VON GEMÜSE WISSEN SOLLTEN

Gemüse schmeckt am besten, wenn es frisch und knackig ist. Deshalb zuerst ein paar Tipps für die schonende Vor- und Zubereitung von Gemüse – damit sich die Vitamine nicht unnötig verflüchtigen.

TIPP 1 Gemüse ungeschält waschen und nie lange im Wasser liegen lassen.

TIPP 2 Gemüse schnell nach Ernte oder Kauf zubereiten.

TIPP 3 Gemüse immer erst kurz vor der Zubereitung zerkleinern.

TIPP 4 Gemüse in gleich große Teile schneiden, damit alles gleichzeitig gar ist.

TIPP 5 Schonende Zubereitung wie Dämpfen oder Dünsten bevorzugen.

TIPP 6 Das Gemüse bissfest garen. Es schmeckt viel besser als weiches Gemüse.

TIPP 7 Wenn Gemüse gelagert werden muss, dann im Gemüsefach des Kühlschranks.

Es gibt viele unterschiedliche Arten, Gemüse zuzubereiten. Und jedes Mal schmeckt es anders und bringt Abwechslung in die Küche. Vorweg: Gemüse kochen ist out, Dämpfen und Dünsten ist in.

Dämpfen Beim Dämpfen gehen die wenigsten Aromen und Vitamine verloren. Es ist eine sehr schonende Art der Gemüsezubereitung, denn das Gemüse kommt dabei nicht mit der Kochflüssigkeit in Berührung.

Beim Dämpfen wird Wasser in einem Topf erhitzt und das Gemüse in einem Sieb oder Dämpfeinsatz über dem Wasserdampf gegart.

Wichtig ist der gutschließende Deckel auf dem Topf.

Dünsten Dünsten ist Garen mit wenig Flüssigkeit oder sogar im eigenen Saft.

Zum Dünsten im eigenen Saft eignen sich wasserhaltige Gemüse wie Gurken oder Tomaten. Der hohe Anteil an Flüssigkeit reicht aus, damit sich der für den Dünstvorgang erforderliche Dampf bilden kann. Bei dieser Methode ist es daher meistens nicht erforderlich, zum Gemüse noch Wasser in den Topf zu geben.

Um Gemüse mit weniger Eigenflüssigkeit wie Kohlrabi oder Karotten zu dünsten, gibt man etwas Butter, Wasser oder Brühe hinzu, damit sich der Dampf bilden kann.

Kochen Beim Kochen verliert das Gemüse deutlich mehr Nährstoffe als beim Dünsten und Dämpfen. Deshalb nimmt man nur so viel Wasser, dass das Gemüse knapp bedeckt ist, und salzt es nur leicht.

Das Kochwasser kann man – wie bei Spargel oder Blumenkohl – gut als Grundlage für die Sauce oder Suppe nehmen. So bekommt man doch noch einige der wasserlöslichen Vitamine zurück.

Blanchieren Blanchiert werden vor allem grüne Gemüse wie Spinat oder Mangold, Erbsen und grüne Bohnen, denn das Blanchieren erhält die Farbe. Ich blanchiere außerdem Gemüse vor dem Braten.

Beim Blanchieren wird das Gemüse wenige Minuten in kochendes Wasser gegeben und anschließend in sehr kaltem Wasser abgeschreckt. Wenn ich Eiswürfel zur Hand habe, gebe ich die dazu.

Braten Beim Braten wird das Gemüse in heißem Fett gegart. Das Fett muss heiß sein, sonst saugt das Gemüse zu viel davon auf.

WICHTIG! Wenn Sie das Gemüse vor dem Braten blanchieren, müssen Sie es gut auf Küchenkrepp abtrocknen, da das Fett sonst spritzt und man sich übelst verbrennen kann.

GRÜNE BOHNEN

Bohnen schmecken am besten, wenn sie fein, zart und jung sind. Roh dürfen sie allerdings nicht gegessen werden, da sie in diesem Zustand Phasin enthalten, und das ist gesundheitsschädlich. Durchs Kochen wird es bei einer Kochzeit von ca. 15 Minuten jedoch vollständig zerstört.

Bei der Vorbereitung die Bohnen zunächst waschen. Dann braucht man bei den heutigen Sorten nur noch die Enden abzuschneiden. Fäden gehören der Vergangenheit an.

Gerade Bohnen erhalten ihre schöne grüne Farbe, wenn sie vor dem Kochen blanchiert werden. Ich koche die Bohnen danach ca. 10 Minuten, erwärme ein wenig Olivenöl und schwenke die Bohnen darin. Lecker!

Bohnen schmecken in Eintöpfen, Suppen, Gemüsegerichten, als Beilage und in Salaten. Sie schmecken auch mit ausgelassenem Speck oder mit Béchamelsauce und frischem Dill. Eine mediterrane Note bekommen sie durch Rosmarin. Knoblauchfans behaupten, man dürfte Bohnen niemals ohne kochen. Andere schwören auf Bohnenkraut im Kochwasser. Am besten, Sie probieren aus, was Ihnen schmeckt.

DICKE BOHNEN

Dicke Bohnen (auch Pferde- oder Saubohnen genannt) aus dem Freilandanbau sind nur von Mitte Juni bis Ende August erhältlich. Sie schmecken am besten, wenn sie jung geerntet werden. Die Keime haben dann die Größe eines Fingernagels, und die Schoten sind ca. 10 Zentimeter lang. Mit dem Alter verwandelt sich der in den jungen Keimen enthaltene Zucker in Stärke, und die Haut wird zäh.

Die Schoten von dicken Bohnen sind nicht zum Verzehr geeignet.

Sie brauchen für 4 Personen:

ca. 1½ kg dicke Bohnen in der Schote (ergibt ca. 300 g Palbohnen, das sind die Bohnenkeime)
1 EL Butter
1 Zwiebel
⅛ l Weißwein
1 EL feingehackten Majoran
1 TL Zucker
Salz, Pfeffer
Fleischbrühe

1 Die Schoten 5 Minuten in heißem Wasser blanchieren. So lassen sich die Keime besser aus der Schote palen.

2 Die Butter in einem Topf erhitzen.

3 Zwiebel pellen, in kleine Würfel schneiden und in der Butter anschwitzen.

4 Die Bohnenkeime mit Weißwein, dem feingehackten Majoran, Zucker, Salz und Pfeffer in den Topf geben und mit so viel Fleischbrühe auffüllen, dass die Bohnen knapp bedeckt sind.

5 Ca. 10 bis 15 Minuten kochen.

Schmeckt köstlich.

LINSEN

Linsen müssen vor dem Kochen gewaschen werden. Sie werden in reichlich kaltem Wasser aufgesetzt und – ganz wichtig! – ohne Zugabe von Salz und Essig gekocht, da sonst die Garzeit beeinträchtigt wird. Die Kochzeit hängt bei Linsen von der Größe und ihrer Art ab.

Linsen eignen sich für Suppen, Salate, Eintöpfe, aber auch als Beilage.

Rote Linsen

Rote Linsen haben ein mild nussiges Aroma. Sie eignen sich gut für Pürees, da sie mehlig in ihrer Konsistenz sind. Ihre Garzeit beträgt ca. 10 Minuten.

Nach dem Kochen können rote Linsen nach Lust und Laune mit Salz, Pfeffer, Curry, Paprika, Kräutern, angebratenen Zwiebeln, Knoblauch oder Olivenöl gewürzt werden – der Phantasie sind keine Grenzen gesetzt.

Braune Minilinsen

Braune Minilinsen sind etwas süßlich und würzig im Geschmack. Da sie gut Aromastoffe annehmen, eignen sie sich sehr für Salate. Ihre Garzeit beträgt für Salate ca. 35 Minuten, für Suppen ca. 50 Minuten.

Tellerlinsen

Tellerlinsen eignen sich hervorragend für deftige Eintöpfe. Sie haben eine relativ harte Schale, die beim Kochen aufplatzt. Ihre Garzeit beträgt zwischen 45 und 60 Minuten.

Nach dem Kochen nicht den Schuss Essig im Eintopf vergessen. Linseneintopf schmeckt sonst etwas fade.

Gelbe Linsen

Gelbe Linsen sind mehlig kochend mit leicht nussigem Geschmack. Sie sollten nicht länger als 8 Minuten gekocht werden, da sie sonst zerfallen.

Typische Gewürze: Chili, Kreuzkümmel, Lorbeer, Paprika, Salz, Zucker, Knoblauch, Ingwer, Koriandergrün. Probieren Sie aus, was Ihnen schmeckt.

Graue Berglinsen

Graue Berglinsen eignen sich ebenfalls gut für Salate. Sie sind würzig nussig im Geschmack und behalten auch bei längeren Kochzeiten ihre Konsistenz. Ihre Garzeit beträgt 20 bis 30 Minuten.

ROTE BEETE

Rote Beete war längere Zeit in Vergessenheit geraten und ist den meisten nur sauer eingelegt bekannt. Sie sollte beim Einkauf fest, ohne Schadstellen und schwarze Flecken sein. Grüne Blätter sind ein Zeichen von Frische. Rote Beete kann man als Rohkost, in Suppen und Eintöpfen oder als Gemüsebeilage verwenden. Sie passt gut zu Meerrettich und Matjes.

1 Die Rote Beete unter fließendem Wasser gründlich abbürsten und darauf achten, dass die Haut nicht verletzt wird. Rote Beete blutet sonst aus, das heißt, sie verliert Saft und Geschmack.

2 Rote Beete immer mit Schale kochen.

3 Rote Beete in kaltem Salzwasser aufsetzen und sie je nach Größe ca. 60 Minuten gar kochen. Ganz große Exemplare brauchen schon mal 90 Minuten.

4 Nach dem Kochen die Rote Beete in kaltem Wasser abschrecken. Dann lässt sich die Schale leichter abziehen.

TIPP Da Rote Beete beim Schälen und Schneiden stark färbt, empfehle ich, die Hände vorher mit Öl einzureiben. Nach der Zubereitung Hände mit Zitrone oder Essig reinigen. Man kann aber auch einfach Handschuhe anziehen.

SPARGEL

Spargel schmeckt am besten, wenn er am Tag zuvor oder vielleicht sogar am Morgen gestochen wurde. Man erkennt frischen Spargel an seinen geschlossenen Spitzen. Wenn man die Schnittstelle mit dem Fingernagel eindrückt, tritt bei frischem Spargel Saft heraus. Man kann auch noch den «Hörtest» machen: Reibt man frische Spargelstangen aneinander, so quietschen sie vor Frische – und wer weiß, vielleicht auch vor Freude.

Die Sonneneinstrahlung hat Einfluss auf die Färbung des Spargels. Man unterscheidet zwischen weißem, violettem und grünem Spargel.

Weißer Spargel wird gestochen, bevor die Spitze die Erde durchbricht. Da er nicht mit der Sonne in Berührung kommt, ist er von der Spitze bis zum Ende makellos weiß.

Wenn der Spargel die Erde durchbricht, verfärben die Spitzen sich durch die Sonneneinstrahlung violett. Der violette Spargel ist etwas würziger im Geschmack als der weiße.

Grüner Spargel wächst überirdisch, ist somit die ganze Zeit der Sonne ausgesetzt und verfärbt sich grün. Er ist dünner als der weiße oder violette Spargel und schmeckt besonders würzig. Grüner Spargel wird nicht geschält. Man schneidet nur das untere holzige Ende ab.

TIPP Nach dem Einkauf den Spargel unverpackt in ein feuchtes Geschirrtuch wickeln und ab in den Kühlschrank.

Spargel schälen

Spargel schält man von oben nach unten, also von der Spitze her. Die Spitze wird nicht geschält. Der Spargel sollte dünn, aber sorgfältig geschält werden, da die Schale nicht weich kocht und harte Fasern stören. Nach dem Schälen werden die unteren Enden entfernt – bei frischen Stangen etwa 2 Zentimeter. Die Enden könnten holzig sein.

TIPP Sie können die Enden auch abbrechen, statt sie abzuschneiden. Dort, wo der Spargel bricht, ist er garantiert nicht mehr holzig.

Spargel kochen

Spargel kann in einem ausreichend großen Topf liegend gekocht werden.

1 Topf so weit mit Wasser füllen, dass der Spargel später knapp bedeckt ist, und das Wasser zum Kochen bringen.

2 Spargelwasser salzen und – wichtig! – etwas Zucker hinzugeben. Der Zucker mindert eventuell vorhandene Bitterstoffe.

3 Den Spargel in das kochende Wasser geben. Die Kochzeit hängt vom Durchmesser der Spargelstangen ab und liegt bei ca. 15 Minuten. Dann hat der Spargel noch etwas Biss.

TIPP 1 Die Spargelschalen ca. 10 Minuten auskochen und aus dem Kochwasser nehmen. So bekommt das Spargelwasser schon den ersten Geschmack, bevor Sie den Spargel darin garen.

TIPP 2 Das Spargelwasser nach dem Kochen aufheben als Basis für die Sauce oder eine Spargelcremesuppe.

SCHWARZWURZELN

Die Schwarzwurzel wird auch Winterspargel genannt. Sie ist ein bisschen in Vergessenheit geraten, vielleicht weil viele nicht wissen, was sie mit diesen schwarzen Stangen anfangen sollen. Aber sie sind ein so zartes Gemüse, dass man Schwarzwurzeln unbedingt frisch und nicht aus der Konserve verarbeiten sollte.

Schwarzwurzeln schälen

1 Schwarzwurzeln gut unter fließendem Wasser abbürsten.

2 Mit einem Sparschäler die braune Schale abschälen. Weil ein klebriger Milchsaft aus der Wurzel austritt, am besten mit Handschuhen und Schürze arbeiten.

3 Sofort nach dem Schälen die Wurzel in eine Schüssel mit Wasser legen, dem etwas Essig zugefügt wurde, denn der Milchsaft oxidiert sonst und lässt die Wurzel ganz schnell braun werden. Das Braunwerden kann man auch mit Mehl verhindern, das ins Wasser gerührt wird.

Schwarzwurzeln kochen

1 Topf so weit mit Wasser füllen, dass die Schwarzwurzeln später knapp bedeckt sind, und das Wasser zum Kochen bringen.

2 Wasser salzen.

3 Auch ins Kochwasser etwas Mehl oder Essig geben, damit die Schwarzwurzeln schön weiß bleiben.

4 Die geschälten Schwarzwurzeln in ca. 4 Zentimeter große Stücke schneiden und in ca. 20 Minuten gar kochen.

Mit einer cremigen Mehlschwitze oder zerlassener Butter sind sie wirklich ein köstliches Gemüse. Schwarzwurzeln kann man auch gut mit geriebener Muskatnuss würzen.

KAROTTEN
IM EIGENEN SAFT GEDÜNSTET

1 Junge Karotten gründlich unter fließendem Wasser abbürsten, sonst schälen.

2 In gleich große Scheiben schneiden.

3 Etwas Butter in einem Topf zerlassen.

4 Die Karotten hineingeben, den Deckel schließen und die Karotten im Topf etwas aufschütteln, damit sich die Butter gleichmäßig über die Karottenscheiben verteilt.

5 Mit Zucker und Salz würzen. Das entzieht den Karotten Flüssigkeit, die sie zum Garen brauchen.

6 Die Hitze reduzieren und bei geschlossenem Deckel Karotten ca. 10 Minuten bissfest garen. Geben Sie etwas Wasser dazu, wenn Sie das Gefühl haben, dass die Karotten nicht genug Flüssigkeit ziehen, um im eigenen Saft zu garen.

Mit viel frischgeschnittener Petersilie servieren.

KOHLRABI

Freiland-Kohlrabi ist würziger und kräftiger im Geschmack als der zarte, mild schmeckende aus dem Gewächshaus. Die Blätter des Kohlrabis sind reich an Vitaminen und Mineralstoffen und können mitgegart werden. Allerdings sollten Sie sicher sein, dass der Kohlrabi frei von Schadstoffen ist.

Kohlrabi eignet sich ganz hervorragend als Rohkost. Dafür einfach etwas salzen. Lecker!

Man kann Kohlrabi zum Beispiel mit Hackfleisch füllen (Grundrezept für den Hackteig siehe Seite 146–148) oder in Eintöpfe, Suppen und Salate schneiden. Kohlrabi passt gut zu Fleischgerichten als Gemüsebeilage. Und auch als Auflauf ist er sehr lecker. Kocht man ihn, beträgt die Garzeit ca. 15 bis 20 Minuten.

Ich dünste Kohlrabi wie die Karotten in etwas Butter im eigenen Saft und bestreue ihn mit viel frischgeschnittener Petersilie.

TIPP Lieber kleine Knollen kaufen, denn die großen sind häufig holzig.

BLUMENKOHL

Ein guter Blumenkohl sollte schön weiß und fest sein. Die Blätter sollten grün sein und eng am Kopf anliegen. Das ist ein Zeichen dafür, dass zwischen Ernte und Verkauf nicht viel Zeit liegt. Auch die Schnittstelle am Strunk verrät etwas über die Frische. Ist sie braun und holzig, deutet das auf eine längere Lagerung hin.

Blumenkohl dünsten

1 Den Blumenkohl von Blättern und Strunk befreien. Man kann ihn vor dem Kochen in Röschen zerteilen oder ihn als ganzen Kopf verwenden.

2 Einen Topf mit 2 Fingerbreit Wasser aufstellen und das Wasser zum Kochen bringen.

3 Das Wasser salzen, den Blumenkohl in das Wasser geben und ca. 10 bis 15 Minuten bissfest garen.

TIPP 1 Damit der Blumenkohl schön weiß bleibt, einige Spritzer Zitronensaft auf den Kopf träufeln.
TIPP 2 Das Kochwasser aufheben und als Basis für eine Sauce weiterverwenden (siehe Seite 79).

Blumenkohl panieren und braten

1 Den Blumenkohl von Blättern und Strunk befreien und in Röschen zerpflücken.

2 Ca. 10 Minuten wie oben beschrieben dünsten.

3 Während der Blumenkohl gart, einige Eier verquirlen und eine Schüssel mit Paniermehl vorbereiten.

4 Die Blumenkohlröschen abgießen und auskühlen lassen.

5 Anschließend mit Salz, Pfeffer und etwas Muskat würzen.

6 Die Röschen erst durch das Ei und dann durch das Paniermehl ziehen.

7 Fett in einer Pfanne zerlassen und die panierten Röschen darin goldbraun braten.

Kohl

Weißkohl, Wirsing, Spitz- und Rotkohl sind äußerst preiswert, fast das ganze Jahr erhältlich und reich an Vitaminen und Mineralstoffen. Kohl kann auf vielfältige Weise zubereitet werden. Es ist wirklich nicht nötig, ihm Gewalt anzutun und ihn fast bis zur Unkenntlichkeit zu verkochen.

Aber wer kennt nicht den Rotkohl von Oma, der erst nach dem dritten Mal Aufwärmen so richtig schmeckte? Aus Wirsing und Weißkohl können Sie auch Kohlrouladen machen (Rezept siehe Seite 150–152). Wirsinggemüse, das in Butterschmalz, ausgelassenen Speckwürfeln und etwas Brühe gedünstet wurde, erinnert mich an meine Kindheit.

Omas Rezept für

ROTKOHL

Sie brauchen:

1 Rotkohlkopf
2 EL Zucker
1 EL Salz
4 EL Essig
2 Zwiebeln
2–4 EL Schweine- oder Gänseschmalz
3 saure Äpfel
4 EL Johannisbeergelee
1 TL Nelken
1 Lorbeerblatt
1 TL Wacholderbeeren
1 TL Zimt
Salz, Zucker
⅛ l Apfelsaft oder Rotwein
evtl. 1 EL Kümmel

1 Die äußeren welken Blätter ablösen, den Kohl vierteln und den harten Strunk herausschneiden.

2 Mit dem Gemüsehobel oder einem langen Messer den Kohl in feine Streifen schneiden und in eine Schüssel geben.

3 Zucker, Salz und Essig darübergeben und den Kohl etwa 30 Minuten darin marinieren.

4 Zwiebeln pellen und in kleine Würfel schneiden.

5 Schmalz in einem großen Topf erhitzen und die Zwiebeln darin glasig dünsten.

6 Den Kohl dazugeben und kurz andünsten.

7 Äpfel schälen, in Stücke schneiden und dazugeben.

8 Johannisbeergelee, die Gewürze, Salz, Zucker und den Apfelsaft oder Rotwein dazugeben – und wer mag, noch 1 Esslöffel Kümmel.

9 Alles ca. 2 Stunden bei mittlerer Hitze dünsten.

TIPP Kümmel ist ein ideales Kohlgewürz und macht Kohl bekömmlicher.

GRÜNKOHL

Grünkohl ist auch unter den Namen Braunkohl, Winter-
kohl, Krauskohl oder Oldenburger Palme bekannt. Die
Grünkohlsaison beginnt traditionell im November. Der
Kohl entwickelt sein volles Aroma nach dem ersten Boden-
frost. Er kann den ganzen Winter über geerntet werden.

Grünkohl ist reich an Vitaminen und ist somit ein sehr
beliebtes und perfektes Winteressen. Von Region zu Region
unterschiedlich isst man ihn mit Kassler oder Kochwurst,
Bratkartoffeln und Speck.

Meine Oma sagte immer, der Kohl muss glänzen, das
heißt mit viel Fett umgeben sein. Sie können das Rezept
gern abwandeln, wenn es Ihnen zu deftig ist. Aber ich verrate Ihnen das Rezept von Oma.

Sie brauchen:

2 kg Grünkohl
2 Zwiebeln
100 g Schmalz
1 kg Nackenkassler
1 Schweinebacke
4 Kochwürste

1 Grünkohlblätter von den Stängeln abstreifen und mehrmals gut waschen. Dabei das Wasser wechseln, denn in den krausen Blättern versteckt sich viel Sand.

2 In kochendem Wasser 5 Minuten blanchieren.

3 Den Kohl etwas abkühlen lassen, das Wasser ausdrücken und den Kohl fein oder grob, wie Sie es mögen, hacken.

4 Zwiebeln pellen und in Würfel schneiden.

5 Schmalz in einem großen Topf erhitzen und die Zwiebeln darin glasig dünsten.

6 Die Hälfte des Kohls dazugeben, Kassler und Schweinebacke drauflegen und mit der anderen Hälfte des Kohls bedecken.

7 Etwas Wasser angießen und alles ca. 90 Minuten garen.

8 20 Minuten vor Ende der Garzeit die Kochwürste auf den Kohl legen.

Dazu gab es bei Oma sehr kleine Pellkartoffeln, die im Ganzen in der Pfanne gebraten wurden. Auf meinem Markt gibt es in der Grünkohlsaison extra sortierte Grünkohlkartoffeln.

Kürbis

Kürbis ist wieder groß in Mode. Wenn Sie die Gelegenheit haben, zur Erntezeit im Herbst an einem Kürbishof vorbeizukommen, unbedingt mal reinschauen. Es gibt unendlich viele Sorten und alle in den schönsten Farben. Im Kürbishof liegen in der Regel auch die entsprechenden Rezepte parat.

Auf den heimischen Märkten ist inzwischen vor allem der relativ kleine Hokkaido mit der leuchtend orangen Farbe zu Hause. Beim Hokkaido ist die Schale essbar. Sie wird aber erst beim Kochen weich.

In Norddeutschland wurde traditionell vor allem die Sorte Gelber Zentner angebaut. Die können, wie der Name schon sagt, 50 Kilogramm schwer werden und wurden früher vor allem sauer eingelegt. Auch die bekannten Zucchini sind eine Kürbisart.

Kürbis lässt sich gut auf Vorrat kochen und pürieren. Das Püree können Sie einfrieren.

Machen Sie doch mal eine
KÜRBISSUPPE!

Sie brauchen:

1 kg Kürbis
2 Zwiebeln
2 EL Butter
1 l Hühnerbrühe
Salz, Pfeffer und Muskatnuss
1 Becher Sahne
½ Becher Schmand

1 Den Kürbis schälen, halbieren und die Kerne entfernen. Beim Hokkaido-Kürbis wird die Schale beim Kochen weich und kann mitverwendet werden.

2 Den Kürbis in grobe Stücke schneiden.

3 Zwiebeln pellen und in Würfel schneiden.

4 Butter im Suppentopf erhitzen und die Zwiebelwürfel darin goldgelb anschwitzen.

5 Die Kürbisstücke dazugeben und mit der Hühnerbrühe auffüllen.

6 Ca. 20 Minuten köcheln lassen.

7 Dann pürieren und mit Salz, Pfeffer und Muskatnuss abschmecken.

8 Zum Schluss Sahne und Schmand dazugeben und nicht mehr kochen lassen.

Diese Suppe lässt sich variieren: Geben Sie Orangensaft, Zitronensaft oder Kokosmilch hinzu. Statt Hühnerbrühe können Sie auch Gemüsebrühe verwenden. Oder würzen Sie mit frischem Chili, Curry oder Ingwer.

Die Kürbissuppe kann mit Krabben oder gekochtem Schinken, den Sie in Würfel geschnitten haben, serviert werden. Sie sehen, kochen, und zwar raffiniert kochen, ist ganz einfach.

KÜRBISAUFLAUF

Ebenfalls sehr lecker ist der Kürbisauflauf. Dieser Auflauf kann gut als Hauptmahlzeit, aber auch als Beilage etwa zu Kurzgebratenem gegessen werden.

Sie brauchen für 4 Personen:

ca. 2 kg Kürbis
1–2 Porree
1 Bund Dill
200 g Hartkäse
4 EL Olivenöl
Salz, Pfeffer
1 TL Kümmel
200 g Crème fraîche
4 Eier
Muskatnuss
1 Knoblauchzehe
Butter

1 Den Kürbis schälen und die Kerne entfernen.

2 Den Kürbis in ca. 2 bis 3 Zentimeter große Stücke schneiden.

3 Den Porree waschen (siehe Tipp Seite 40) und in ca. 3 Zentimeter große Stücke schneiden.

4 Den Dill schneiden und den Käse reiben.

5 Das Öl in einer großen Pfanne mit Deckel oder in einem Topf erhitzen.

6 Die Kürbisstücke darin anbraten und auch wenden, damit sie von allen Seiten bräunen.

7 Dann leicht salzen und pfeffern, den Kümmel zugeben und bei geschlossenem Deckel 5 bis 7 Minuten dünsten.

8 Die Porreeringe hinzufügen und weitere 5 bis 7 Minuten mitdünsten. Das Gemüse soll knapp gar sein.

9 Die Crème fraîche mit den Eiern, dem Dill und dem Käse verrühren (etwas Käse zurückhalten, um damit später den Auflauf zu bestreuen).

10 Mit Salz, Pfeffer und Muskatnuss kräftig abschmecken.

11 Eine feuerfeste Form mit der Knoblauchzehe einreiben und mit Butter einfetten.

12 Das Gemüse und die Käse-Ei-Masse vermengen, damit der Käse überall hinkommt. Alles in die Form geben und mit dem restlichen Käse bestreuen.

13 Im Backofen bei 180 Grad ca. 30 Minuten zu Ende garen. Der Kürbis ist dann von einer goldbraunen Kruste bedeckt. Wenn die Kruste zu braun wird, die Auflaufform abdecken.

SAUCEN

Eine köstliche Sauce wertet jedes noch so einfache Gericht zu einem fulminanten Mahl auf. Ob mit Wein, Fond, Eiern oder Butter zubereitet – erst die Sauce verbindet alle Zutaten zu einem leckeren Gericht, ja rundet das Essen geradezu ab. Ein Braten ohne Sauce? Traurig! Pommes ohne Mayo oder Ketchup? Öde! Oder ein knackiger Salat ohne Dressing? Da kann man ja gleich auf die Wiese gehen!

Aber wenn die Teller nach einem gelungenen Essen mit der letzten Kartoffel oder einem Stück Brot fast blank geputzt in den Abwasch wandern, dann ist man als Köchin oder Koch glücklich, ein netteres Kompliment gibt es nicht. Kurz gesagt: Saucen sind das Tüpfelchen auf dem i.

Dabei ist es gar nicht schwer, selbst mit ganz einfachen und preiswerten Mitteln eine Sauce zu zaubern. Vergessen Sie mal alles, was aus der Tüte kommt. Üben Sie ein paar Grundtechniken, und Sie mögen sich nicht mehr an das Fertigzeug aus der Tüte erinnern. Die Bandbreite, die sich durch frisch zubereitete Saucen eröffnet, ist fast grenzenlos. Es gibt Kochbücher mit mehr als 500 Saucenrezepten, die alle auf wenigen Grundtechniken beruhen.

Im Übrigen haben wir uns durchs Reisen auch ein paar Saucensouvenirs mitgebracht. Ein schönes kaltgepresstes Olivenöl – vor 40 Jahren in Deutschland so gut wie unbekannt – macht aus einfachem Karottengemüse mit Rosmarin gewürzt ein herrlich mediterranes Gericht. In Olivenöl gedünstetes Gemüse ersetzt heute gerne die Mehlschwitze oder Buttersauce. Und lässt sich mit dazugereichtem Brot schön bis auf den letzten Tropfen auftunken. Oder denken Sie an Pesto und Dips, die einfach zusammengerührt werden.

Am besten, Sie machen sich gleich ans Werk. Die wichtigsten Grundtechniken aus unserer Traditionsküche habe ich Ihnen im Folgenden zusammengestellt. Wenn Sie die beherrschen, sind Ihrer Experimentierfreude keine Grenzen mehr gesetzt.

MEHLSCHWITZE

Die Mehlschwitze ist etwas in Verruf geraten – vermutlich weil sie früher immer so dickflüssig auf den Tisch kam. Aber damit tut man dieser genialen Grundsauce unrecht. Denn mit der Zugabe von etwas mehr Flüssigkeit kann sie ganz leicht werden. Der beste Beweis sind Königsberger Klopse. Königsberger Klopse ohne Mehlschwitze kann ich mir überhaupt nicht vorstellen. Und Hühnerfrikassee – wenn es schmecken soll wie früher – eigentlich auch nicht. Außerdem kann Mehlschwitze Grundlage für eine schöne Senf- oder Meerrettichsauce sein. Mit ihr macht man Béchamelkartoffeln und Gemüsesaucen. Und nicht zuletzt: Cremesuppen wie Spargel- oder Blumenkohlcremesuppe basieren auf einer Mehlschwitze.

Je nach Verwendung wird die Mehlschwitze mit Gemüsewasser für Gemüsesaucen und -cremesuppen, Milch für Béchamelsauce oder Brühe für Königsberger Klopse und Hühnerfrikassee zubereitet. Sie kann mit Muskatnuss und Kräutern verfeinert werden. Auch ein Schuss Sahne verfeinert, ein paar Spritzer Zitronensaft heben den Geschmack.

Sie brauchen:

2 EL Butter (schmeckt immer noch am besten) oder
    Margarine
2 EL Mehl
ca. ½ l Flüssigkeit (Gemüsewasser, Milch oder Brühe)
Salz, Pfeffer
evtl. 1 Ei
zur Geschmacksabwandlung gegebenenfalls
    Sahne, Zitronensaft, Muskatnuss, Kräuter

1 Butter bzw. Margarine bei mittlerer Hitze in einem Topf schmelzen lassen.

2 Mehl mit einem Schneebesen in die geschmolzene Butter hineinrühren und so lange unter Rühren erhitzen, bis sich keine Bläschen mehr bilden. Die Farbe bleibt hell bis goldgelb.

3 Dann den Topf sofort vom Herd nehmen.

4 Rund ein Viertel der Flüssigkeit zur Masse geben und mit dem Schneebesen kräftig rühren, bis die Masse wieder glatt und cremig ist.

5 Topf wieder auf den Herd stellen und die Schwitze unter kräftigem Rühren aufkochen lassen.

6 Schritte 3 bis 5 wiederholen, bis die Flüssigkeit aufgebraucht ist.

7 Dann salzen und pfeffern.

8 Wenn im Rezept steht: «Sauce mit einem Eigelb legieren», anschließend ein wenig von der heißen Sauce in ein kleines Gefäß, etwa eine Tasse, abnehmen und ein Eigelb hineinrühren. Diese Flüssigkeit unter Rühren in die Sauce geben. **VORSICHT!** Die Mehlschwitze danach nicht mehr aufkochen, sonst gerinnt das Eigelb.

Es hat mehrere Vorteile, die Flüssigkeit wie beschrieben erst allmählich zur Mehlschwitze dazuzugeben. Sie vermeiden damit die Bildung von Klümpchen. Außerdem gart das Mehl schon beim Aufkochen und setzt die Stärke für die Bindung der Flüssigkeit frei. So haben Sie nach jedem Aufkochen eine glatte Konsistenz und können entscheiden, ob die Mehlschwitze fertig ist. Wenn Sie sie dickflüssiger mögen, benötigen Sie weniger Flüssigkeit. Soll die Mehlschwitze schlanker, also dünnflüssiger sein, geben Sie etwas mehr Flüssigkeit hinzu.

TIPP ZUM TRENNEN VON EIWEISS UND EIGELB Sie nehmen zwei Tassen, eine fürs Eiweiß und eine fürs Eigelb.

Jetzt schlagen Sie das Ei vorsichtig in der Mitte an, sodass ein kleiner Riss entsteht.

Das Ei behutsam auseinanderbrechen und das Eiweiß in die eine Tasse gleiten lassen.

Jetzt lassen Sie das Eigelb über dieser Tasse mehrmals von einer Eihälfte in die andere gleiten. Dabei fließt das Eiweiß ab. Achten Sie darauf, dass die dünne Haut des Eigelbs nicht verletzt wird.

MEERRETTICHSAUCE

Meerrettichsauce ist eine meiner Lieblingssaucen, da ich gerne gekochtes Rindfleisch wie Ochsenbrust oder Tafelspitz esse. Gekochtes Fleisch verträgt gut eine pikante Sauce.

Ich nehme am liebsten frischen Meerrettich, da er feiner schmeckt als der konservierte aus dem Glas. Außerdem enthält frischer Meerrettich doppelt so viel Vitamin C wie Zitrone und viele Mineralstoffe.

Sie brauchen:

40 g Meerrettich
Saft einer halben Zitrone
2 EL Butter
2 EL Mehl
ca. ½ l Brühe
Salz
1 EL Zucker
3–4 EL Sahne

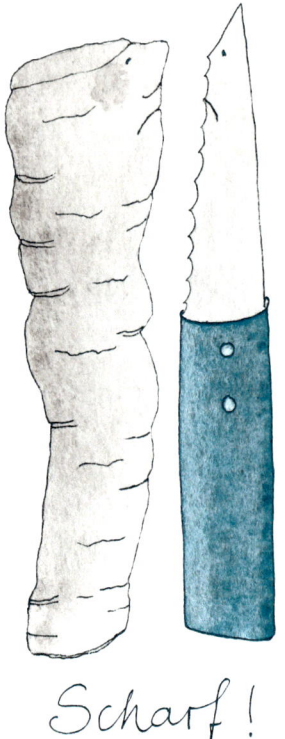

Scharf!

1 Meerrettich mit dem Sparschäler schälen.

2 Auf einer Reibe fein raspeln und ein paar Tropfen Zitronensaft darübergeben. Der Saft verhindert, dass der Meerrettich braun wird.

3 Eine Mehlschwitze nach der Grundtechnik herstellen:

Butter bei mittlerer Hitze schmelzen lassen.

Mehl hinzufügen und mit einem Schneebesen in die geschmolzene Butter hineinrühren.

So lange unter Rühren erhitzen, bis sich keine Bläschen mehr bilden. Die Farbe bleibt hell bis goldgelb.

Den Topf vom Herd nehmen, ganz wenig Brühe in die Butter-Mehl-Masse geben und kräftig glatt rühren.

Alles wieder aufkochen lassen. Wieder Brühe hinzufügen und rühren.

Wiederholen, bis die Sauce die richtige Konsistenz hat.

4 Mit Zitronensaft, Salz, Zucker und Sahne abschmecken.

5 Zum Schluss den Meerrettich unterrühren. Dann die Sauce auf keinen Fall mehr aufkochen, sonst verfliegt das Aroma.

SENFSAUCE

In meiner Kinderzeit besaßen wir bei uns zu Hause noch keine vollautomatische Waschmaschine, sodass am Waschtag alle Frauen im Haus sehr beschäftigt waren. Daher gab es an diesem Tag ein sehr einfaches Essen. Senfeier mit Pellkartoffeln erinnern mich immer an diesen Waschtag. Hier ist das Rezept für die Senfsauce.

Sie brauchen:

2 EL Butter
2 EL Mehl
¼ l Brühe oder Wasser
ca. ¼ l Milch
ein paar Spritzer Zitronensaft
Salz
1 TL Zucker
2–4 EL mittelscharfen Senf
3–4 EL Sahne
2 EL geschnittenen Dill

1 Eine Mehlschwitze nach der Grundtechnik herstellen:

Butter bei mittlerer Hitze schmelzen lassen.

Mehl hinzufügen und mit einem Schneebesen in die geschmolzene Butter hineinrühren.

So lange unter Rühren erhitzen, bis sich keine Bläschen mehr bilden. Die Farbe bleibt hell bis goldgelb.

Den Topf vom Herd nehmen, ganz wenig Brühe in die Butter-Mehl-Masse geben und kräftig glatt rühren.

Alles wieder aufkochen lassen. Wieder Brühe hinzufügen und rühren.

Wiederholen, bis die Brühe aufgebraucht ist.

Genauso verfahren Sie mit der Milch. Geben Sie so viel Flüssigkeit in die Sauce, bis sie die richtige Konsistenz hat.

2 Mit Zitronensaft, Salz und Zucker abschmecken.

3 Ganz zum Schluss den Senf, Sahne und Dill unterrühren.

Diese Sauce schmeckt sehr gut zu Fisch oder gekochten Eiern.

TIPP Ich bereite die Sauce gern mit grobgekörntem Senf zu.

TOMATENSAUCE

Eine Tomatensauce, hergestellt aus einer Mehlschwitze, ist zwar heute nicht mehr zeitgemäß, aber bei überraschendem Kinderbesuch kann man mit Nudeln viele Mäuler sehr preiswert satt bekommen. Und sie mögen diese Sauce!

Man kann diese einfache Sauce auch sehr schön aufmotzen. Zum Beispiel mit einer Dose Pizzatomaten oder Würfeln aus frischen Tomaten, einer Handvoll frischen Basilikumblättern und einem Klacks Crème fraîche darauf schmeckt sie richtig frisch. Mit ausgelassenem, durchwachsenem Speck wird die Sauce deftig und passt gut zu gebratenen Nudeln oder zu einem Nudelauflauf.

Sie brauchen:

1 Zwiebel
3 EL Butter
1 große Dose Tomatenmark
½ TL Oregano, getrocknet
2 EL Mehl
ca. ½ l Brühe oder Wasser
Salz, Pfeffer
1 EL Zucker
3 – 4 EL Sahne

1 Zwiebel pellen und in kleine Würfel schneiden.

2 Butter bei mittlerer Hitze schmelzen lassen.

3 Zwiebel unter Rühren darin glasig dünsten, nicht braun werden lassen. Die Butter darf nicht zu heiß werden.

4 Tomatenmark und Oregano dazugeben und kurz mit anschwitzen lassen.

5 Mehl hinzufügen, mit einem Schneebesen in die geschmolzene Butter hineinrühren.

6 So lange unter Rühren erhitzen, bis sich keine Bläschen mehr bilden.

7 Den Topf vom Herd nehmen, ganz wenig Brühe in die Masse geben und kräftig glatt rühren.

8 Alles wieder aufkochen lassen und dabei immer rühren.

9 Schritte 7 und 8 wiederholen, bis die Sauce die von Ihnen gewünschte Bindung hat.

10 Mit Salz, Pfeffer und Zucker (ganz wichtig) abschmecken. Sahne unterrühren. Fertig.

Buttersauce

Buttersaucen gehören eigentlich in die feinere Küche und brauchen mehr Erfahrung und Geduld. Dabei kann schon mal einiges schiefgehen – zum Beispiel wenn die Flüssigkeit nicht genug eingekocht wurde, die Butter zu warm ist oder nicht schnell genug eingerührt wird. Buttersauce passt gut zu Fisch, hellem Fleisch und zu feinem Gemüse.

Sie brauchen für 2 Personen: (und für viel mehr Personen sollten Sie diese Sauce am Anfang nicht zubereiten, das dauert viel zu lange)

4 kleine Schalotten oder 1 mittelgroße Zwiebel
¼ l trockenen Weißwein
200 g eiskalte Butter
Salz, Pfeffer

1 Schalotten pellen und ganz fein hacken.

2 Mit Weißwein in einem Topf mit weiter Öffnung auf ganz hoher Kochstufe zum Kochen bringen.

3 Die Flüssigkeit so lange einkochen, bis der Topfboden nur noch feucht ist.

4 Die sehr kalte Butter in kleinen Stückchen nach und nach mit einem Schneebesen unter die Schalotten-Wein-Masse rühren.

5 Mit Salz und Pfeffer abschmecken und sofort servieren.

Die Buttersauce kann nicht wieder erwärmt werden, da sie dann ihre Bindung verliert. Ist doch eigentlich klar, die Butter schmilzt.

MAYONNAISE

«Oh … Mayonnaise selbst herzustellen ist doch so schwer!»

Nein, ist es gar nicht! Sondern nur eine Frage der Geduld und von ein bisschen Übung. Auch Sie werden es schaffen, das Öl zu bändigen, dass es die Ehe mit dem Eigelb, Senf und Zitronensaft eingeht. Obwohl sich das Öl gern mal gegen diese Verbindung sträubt. Mir ist meine Mayonnaise mehr als einmal geronnen. Also machen Sie sich nichts daraus. Auch das kann man retten. Entweder Sie mischen diese Masse unter einen Kartoffelsalat, dann fällt das Missgeschick nicht so auf. Oder Sie nehmen ein neues Ei, verquirlen es und rühren es wieder ganz geduldig und zunächst tröpfchenweise in die missratene Masse ein.

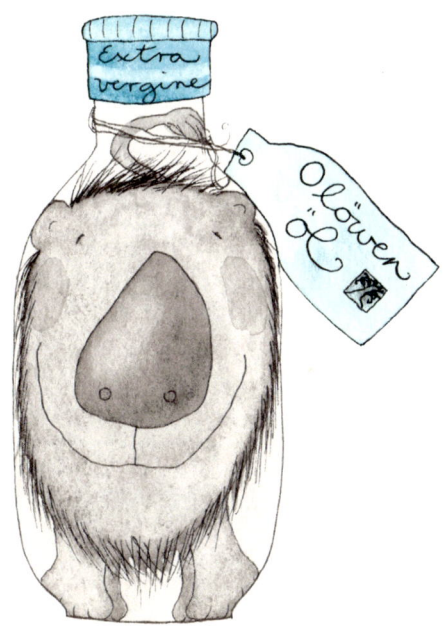

Die Voraussetzungen, damit Mayonnaise gelingt:

– Das Ei muss ganz frisch sein.
– Alle Zutaten müssen Zimmertemperatur haben.
– Am besten gelingt die Mayonnaise mit einem Handrührgerät und dann auf höchster Stufe. Wer kein Handrührgerät besitzt, braucht einen Schneebesen und Muckis,
  weil man mächtig Kraft zum Rühren benötigt.
– Sie brauchen Geduld, Geduld und noch einmal Geduld.
  Denn zu Beginn darf das Öl wirklich nur tröpfchenweise
  zugefügt werden, damit eine Bindung zwischen Ei und Öl
  zustande kommt.

Der Lohn:

Sie haben eine köstliche, wirklich frische Mayonnaise ohne
Konservierungsstoffe.

Sie brauchen für das Grundrezept:

1 Eigelb von einem ganz frischen Ei
1 TL Senf
1 knappen TL Zitronensaft
1 Prise Salz
1 Prise Zucker
⅛ l neutrales Pflanzenöl

Diese Menge reicht beispielsweise für einen Kartoffelsalat
für 4 Personen.

WICHTIG! Eine selbstgemachte Mayonnaise sollte schnell
verbraucht werden und immer gut gekühlt gelagert werden,
da sie keine Konservierungsstoffe enthält und mit frischem Ei
hergestellt wird.

1 Eigelb vom Eiweiß trennen (siehe Tipp auf Seite 81).

2 Eigelb mit Senf, Zitronensaft, Salz und Zucker am besten mit dem Handrührgerät auf höchster Stufe verrühren, bis sich Salz und Zucker aufgelöst haben.

3 Das Öl nur tröpfchenweise zugeben und rühren, rühren, rühren, bis kein Öl im Eigelb mehr zu sehen ist!

4 So fahren Sie fort, und achten Sie sehr darauf, das Öl immer vollständig unterzurühren.

5 Wenn alles richtig war und Sie gut gerührt haben, ist die Masse von fester, homogener Konsistenz.

6 Ab dann können Sie das Öl auch in einem feinen Strahl zufügen. Doch trotzdem dabei das Rühren nicht vergessen.

TIPP Sie entscheiden nach Ihrem Geschmack, wann die Mayonnaise die richtige Konsistenz hat. Ist sie zu fest, geben Sie ein paar Tropfen Zitronensaft dazu. Dadurch wird die Mayonnaise wieder flüssig. Jetzt rühren Sie wieder so viel Öl in die Masse, bis die Mayonnaise so aussieht, wie Sie es wünschen.

REMOULADE

Wenn wir Familienfeiern haben, wird in der Regel zu Hause gekocht. Und jeder bringt etwas mit, was er gut kann und vor allem gerne mag. Mein Part ist immer die Remouladensauce fürs Roastbeef. Es gibt sicherlich andere und leichtere, das heißt kalorienärmere Rezepte für Remoulade als das unserer Familie. Aber sie schmeckt so gut, dass jeder gern ein Pöttchen davon mit nach Hause nimmt.

Vielleicht ahnen Sie es schon: Die Mengenangaben für unsere Familie würden alle erschrecken. Darum gebe ich Ihnen hier nur ein Grundrezept für die Zubereitung von Remoulade.

Sie brauchen für das Grundrezept:

4 hartgekochte Eier
Mayonnaise aus einem Eigelb wie oben beschrieben
1 Apfel, am liebsten säuerlich
1 große Gewürzgurke
2 Pakete 8-Kräuter-Mischung oder frische Kräuter wie Dill, Schnittlauch, Petersilie, Kerbel
½ Becher Schmand oder Crème fraîche
Salz, Pfeffer
etwas Zitronensaft oder Gurkenwasser von der Gewürzgurke nach Geschmack
knapp 1 TL Currypulver

Diese Menge reicht für ein Roastbeef für 4 Personen.

1 Eier hart kochen, unter kaltem Wasser abschrecken, pellen und abkühlen lassen.

2 Eine Mayonnaise anrühren (siehe Seite 89–91).

3 Eier klein hacken oder mit dem Eierschneider einmal längs, einmal quer schneiden.

4 Apfel und Gewürzgurke in kleine Würfel schneiden.

5 Frische Kräuter feinschneiden.

6 Eier, Apfel und Gewürzgurke unter die Mayonnaise rühren.

7 So viele Kräuter dazugeben, wie Sie mögen.

8 Schmand oder Crème fraîche darunterrühren.

9 Mit Salz und Pfeffer abschmecken.

10 Zitronensaft oder Gurkenwasser nach Geschmack dazugeben.

11 Und als i-Tüpfelchen zum Schluss: Currypulver dazugeben – aber nur so viel, dass man den Curry nicht herausschmeckt.

Remoulade schmeckt übrigens auch köstlich zu Fisch und kaltem Braten.

TIPP Grundsätzlich gilt: Beim Würzen sollten Sie sich vortasten. Weniger ist mehr.

SAUCE HOLLANDAISE

Eine selbstgemachte Hollandaise hat den Ruf, schwierig und zeitaufwendig in der Zubereitung zu sein. Aber auch hier ist es wie bei einer Mayonnaise: Wenn Sie ein paar Regeln beherrschen, werden Sie nie wieder eine Fertigsauce kaufen.

Bereiten Sie Ihren Arbeitsplatz und die Zutaten ganz besonders gut vor, denn das Schlagen einer Hollandaise sollte nicht unterbrochen werden. Auch wenn zwischendurch das Telefon klingelt, lautet die Devise: klingeln lassen und weiterrühren!

Der Lohn für Ausdauer und Geduld ist eine feine Sauce, die gut zu Spargel, feinem Gemüse, Fisch und kurzgebratenem Fleisch passt.

Sie brauchen für das Grundrezept:

3 Eigelb von ganz frischen Eiern
3 EL Weißwein oder Wasser
etwas Zitronensaft
Salz, Pfeffer
250 g Butter

Zur Vorbereitung:

1 Die Eigelbe trennen, mit Weißwein oder Wasser in eine Metallschüssel geben und bereitstellen (zum Eigelbtrennen siehe Tipp auf Seite 81).

2 Zitrone auspressen, Salz und Pfeffer bereitstellen.

3 Einen Topf, in den die Metallschüssel hineinpasst, zur Hälfte mit Wasser füllen. Das Wasser zum Köcheln bringen, aber auf keinen Fall kochen lassen, sonst gerinnt später das Eigelb, und Sie haben Rührei!

4 Die Butter bei mäßiger Hitze langsam schmelzen lassen. Sie darf nicht braun werden. Den weißen Schaum mit einer Schöpfkelle abschöpfen und die geschmolzene Butter bereitstellen.

Bei köchelndem Wasser steigen nur kleine Bläschen auf.
Kochendes Wasser blubbert.

Bereit? Dann kann's ans Schlagen der Hollandaise gehen!

1 Die Eigelbe mit dem Weißwein oder Wasser in der Metallschüssel mit einem Schneebesen schaumig schlagen. Wenn Sie keinen Wein verwenden, nehmen Sie stattdessen einen Esslöffel Zitronensaft, denn die Sauce braucht zum Gelingen etwas Säure.

2 Die Schüssel mit der schaumiggeschlagenen Eigelbmasse ins Wasserbad setzen und die geschmolzene Butter tröpfchenweise – also wirklich nach und nach in ganz kleinen Mengen – ins Eigelb rühren. Doch was heißt hier rühren? Bitte kräftig schlagen!

3 Wenn die Sauce ein Traum von Schaum ist, haben Sie gewonnen. Applaus!

4 Nun nur noch mit Salz, Pfeffer und Zitronensaft abschmecken und gleich servieren.

Die Sauce hollandaise ist eher geschmacksneutral. Sie können die Sauce aber auch verändern, indem Sie sie mit Senf, Orangensaft oder Kräutern würzen.

WICHTIG! Erst zum Schluss salzen, da Salz das Emulgieren der Butter mit dem Eigelb verhindert. Sollte Ihnen die Sauce dennoch gerinnen, kann das folgende Gründe haben:
Die Butter war zu heiß. Das Wasserbad war zu heiß. Oder Sie haben zu viel Butter auf einmal zugefügt.
MEIN TIPP FÜR EINEN RETTUNGSVERSUCH Geben Sie etwas kaltes Wasser auf die Oberfläche und rühren Sie dies durch kleine Kreisbewegungen in die Sauce, bis sie wieder glatt ist. Wenn das nichts genützt hat, müssen Sie leider von vorn beginnen.

BRÜHE, SUPPEN UND EINTÖPFE

Ein Teller heißer Suppe gehört für mich zum guten Essen wie die Gabel und die Serviette. «Die Suppe schließt den Magen auf» heißt es, denn Suppen bereiten den Magen schonend auf das danach folgende Gericht vor.

Und kein anderes Gericht bietet so unendlich viele Möglichkeiten, aus dem, was die Vorräte bieten, etwas wirklich Leckeres zuzubereiten. Eigentlich braucht man nicht einmal ein Rezept. Der Phantasie und Experimentierlaune sind keine Grenzen gesetzt. Von Brühe mit und ohne Einlage über die unterschiedlichsten Gemüsesuppen und Eintöpfe bis zu regionalen Spezialitäten reicht die Bandbreite. Was immer Sie zu Hause haben oder der Wochenmarkt gerade an saisonalem und dadurch preiswertem Gemüse hergibt, können Sie zur Suppe geben.

Weiteres Plus: Suppen sind als Vorspeise so gut vorzubereiten, dass der Hauptgang auch etwas komplizierter ausfallen kann. Und die Familie oder Gäste haben schon einmal den ersten Hunger gestillt.

Außerdem habe ich immer wieder festgestellt, dass eine Terrine Suppe auf dem Tisch die Kommunikation fördert. Eins meiner Lieblingsurlaubsziele ist die Hallig Hooge und dort das Hallighotel. Abends trifft man sich zum gemeinsamen Essen an großen Tischen. Mal sind bekannte Gesichter am Tisch, aber meistens unbekannte. Dann kommt der erste Gang: die große Suppenschüssel voll mit dampfender Suppe. Einer am Tisch übernimmt das Auffüllen. «Für mich bitte nicht so viel» oder «Für mich bitte keine Klöße» oder «Dann nehm ich gerne Ihre Klöße». Und schon ist das

Gespräch eröffnet, und die Hemmungen, die fremde Menschen auch an einem gemeinsamen Tisch oft haben, sind überwunden. Ich glaube, eine Suppe zu essen hat etwas sehr Ursprüngliches.

Eine gute Rindfleischsuppe oder Hühnerbrühe weckt wohl die angenehmsten Erinnerungen an früher. Bei meiner Oma kochte so eine Suppe mindestens einen halben Tag, und der Duft zog schon morgens durch das ganze Haus. Das Fleisch fiel allerdings nach stundenlanger Kochzeit wirklich auseinander.

Heute, wo man Wert auf die schonende Zubereitung von Lebensmitteln legt, kocht man Fleisch und Gemüse nur noch so lange, bis es gar ist. Will man aber etwas ganz Besonderes wie einen Kalbstafelspitz servieren, sollte man sich die Mühe machen und vorweg eine Brühe kochen, in der dann das kostbare Fleisch nur noch gar zieht.

Brühe oder Fond?

Ein Fond ist kurz gesagt die Essenz seiner Zutaten. Grob unterscheidet man Gemüse-, Geflügel-, Rinder- und Fischfond. Sie werden im Grunde wie Brühe zubereitet. Nur dass alle Zutaten in einem Topf mit kaltem Wasser aufgesetzt werden und ohne Deckel stundenlang vor sich hin köcheln, damit sie ihr Aroma vollständig an die Flüssigkeit abgeben. Dieser Prozess wird unter Umständen mit jeweils frischen Zutaten noch mehrere Male wiederholt. So gehen Sie mit einem Eimer voller Zutaten in die Küche und kommen nach Stunden mit einer Tasse Fond wieder heraus. Sie können dann aber mit dem ausgekochten und völlig ausgelaugten Fleisch ein nie mehr endendes Verhältnis zu dem Hund ihrer Nachbarn aufbauen. Wenn Herrchen oder Frauchen es zulassen.

Suppengrün, der Geschmackslieferant

Brühe, Suppen und Eintöpfe werden mit Suppengrün angesetzt. Dabei gibt es regionale Unterschiede, welche Gemüse zum Suppengrün zählen. Üblicherweise gehören dazu Karotten für eine schöne Farbe, Knollensellerie für einen intensiven Geschmack, Porree für eine leichte Schärfe und bei entsprechender Jahreszeit Petersilienwurzel, sonst Petersilienstängel oder das grüne zarte Kraut der Sellerieknolle fürs Aroma. Wer mag, kann noch eine Fenchelknolle dazugeben, die die Suppe geschmacklich verfeinert, ohne dass man sie durchschmeckt.

Ich nehme einen Teil des geputzten Suppengrüns gleich in den kalten Suppenansatz. So duftet die Suppe von Anfang an sehr appetitlich. Man kann dafür auch gefrorenes oder getrocknetes Suppengrün verwenden. Das restliche Gemüse, das ich mit der Suppe esse, koche ich in einem separaten Topf. Dafür nehme ich 15 Minuten vor Garende etwas Brühe von der Suppe ab und koche darin das kleingeschnittene Gemüse bissfest.

RINDFLEISCHSUPPE

Die berühmteste aller Suppen ist wohl die Rindfleischsuppe, auch klare Fleischbrühe genannt. Mit Einlagen wie Klößchen, Eierstich oder feinem Gemüse wie Spargel serviert, schmeckt sie wahrhaft köstlich. Wir kennen sie traditionell in allen Regionen Deutschlands als Hochzeitssuppe, und die Zutaten variieren in den unterschiedlichsten Regionen nur gering.

Ich erinnere mich an unsere Familienfeiern wie große Geburtstage, Taufen oder Konfirmationen. Zu derartigen Anlässen half uns Frau Ostermann, eine Kochfrau, die zu uns ins Haus kam. Tage vor dem Fest wurde die Suppe gekocht. Wir Kinder halfen dann beim Fleischklößchendrehen. Diese mussten so klein sein wie die Fingerkuppe des kleinen Fingers, und ein Kloß musste so aussehen wie der andere. Wehe, ein Klößchen war nicht rund oder zu groß. Dann mussten wir wieder von vorn anfangen. Im Übrigen wurde so für 30 bis 40 Gäste gekocht. Das waren ziemlich viele Klößchen!

Ich koche meine Rindfleischsuppe heute nach dem folgenden Rezept. Es ist eine wunderbare Alternative zu dem tagelangen Kochen von früher. Auch hier lege ich großen Wert auf die Qualität des Fleisches und lasse mich gern von meinem Schlachter beraten.

Sie brauchen für 4 Personen:

1 Bund Suppengrün

1 Zwiebel

1 kg Rindfleisch, am besten Hochrippe, Ochsenbein
oder Querrippe

2–3 Markknochen

2–3 Lorbeerblätter

1 TL Pfefferkörner

3–5 Nelken

5 Pimentkörner

ca. 3 l Wasser

Salz, Pfeffer

1 Karotten, Petersilienwurzel und Sellerie waschen und schälen.

2 Wurzelansatz und das harte Grün vom Porree abschneiden und gründlich unter fließendem Wasser waschen.

3 Gemüse in kleine Würfel oder Scheiben schneiden, die Zwiebel pellen und vierteln.

4 Fleisch und Knochen kalt abwaschen.

5 Gut die Hälfte vom Suppengrün, die Zwiebel, die Knochen und die Gewürze in einen großen Topf geben und mit dem kalten Wasser auffüllen, sodass alles gut bedeckt ist.

6 Langsam zum Köcheln bringen und ca. 1 Stunde köcheln.

7 Dabei immer mal wieder den weißen Schaum (das ist das austretende Eiweiß) mit einer Schaumkelle abschöpfen.

8 Nach ca. 1 Stunde das Fleisch dazugeben und ca. 2 Stunden köcheln lassen.

9 15 Minuten vor Garende etwas Flüssigkeit abschöpfen und das restliche kleingeschnittene Gemüse in einem separaten Topf bissfest kochen.

10 Wenn das Fleisch gar ist, Fleisch und Knochen herausnehmen und die Suppe durch ein Sieb geben.

11 Das Suppenfleisch in kleine Würfel schneiden.

12 Das separat gekochte Gemüse und kleingeschnittenes Suppenfleisch zur Suppe geben.

13 Vorsichtig mit Salz und Pfeffer würzen.

14 Wer mag, garniert die Suppe mit feingeschnittener Petersilie oder Schnittlauchröllchen.

TIPP 1 Packen Sie die Gewürze einfach zusammen in ein Säckchen, zum Beispiel einen Teefilter, den Sie mit Küchengarn zubinden, oder in ein Teeei. Dann müssen Sie die Pfefferkörner und Nelken später nicht einzeln aus der Suppe herausfischen.
TIPP 2 Fragen Sie Ihren Schlachter nach der Garzeit des Suppenfleischs, da diese von Stück zu Stück variieren kann.

Was Sie sonst noch aus Rindfleischsuppe machen können:

Die Rindfleischsuppe kann als klare Suppe mit den unterschiedlichsten Einlagen wie Klößchen (siehe Seite 149) oder Eierstich serviert werden.

Außerdem können Sie Gemüse wie Rosenkohl, Blumenkohl, Broccoli oder Spargel je nach Ihrem Geschmack in die Suppe geben.

Sie können auch das Fleisch, statt es in die Suppe zu schneiden, mit einer Meerrettichsauce und Salzkartoffeln servieren.

Das weichgekochte Suppengemüse aus der Suppe verwende ich für eine Gemüsesuppe. Ich fülle es mit ½ Liter Gemüsebrühe und etwas Sahne auf und püriere es mit dem Pürierstab. Eine Handvoll frischgeschnittener Kräuter und ein paar Tropfen Zitronensaft runden den Geschmack ab.

Für den Eierstich:

1 1 Ei, 1 Esslöffel kalte Milch, ½ Esslöffel Wasser, eine Prise Salz und geriebene Muskatnuss gut verquirlen.

2 Eine Form mit Butter einfetten.

3 Die Masse in die Form füllen und mit Alufolie verschließen.

4 Die Form in einen Topf mit schwachkochendem Wasser stellen und ca. 30 Minuten gar ziehen lassen, bis die Masse fest geworden ist. Das Wasser darf dabei nicht in die Form laufen.

5 Den Eierstich aus der Form stürzen, in Würfel schneiden und in die Suppe geben.

OMAS
HÜHNERSUPPENGEHEIMNIS

In unserer Familie gibt es den Begriff Fiebersuppe, der von einer Generation an die nächste weitergegeben wird. Fiebersuppe ist Medizin, die gut schmeckt und auch mal extra für einen zubereitet wurde, wenn man krank war, die Nase lief, man Fieber hatte und sich sonst nur noch schlecht fühlte. Natürlich bekamen auch alle anderen von der Suppe etwas ab, denn diese Suppe war eine Hühnersuppe. Die Fiebersuppe wurde aus einem Suppenhuhn und sehr viel Karotten zubereitet. Viel frischgehackte Petersilie ergänzte den Vitamincocktail. Und wo ist das Geheimnis? Mit bitterer Medizin kann man Kindern nicht kommen, aber eine Hühnersuppe als Heilmittel wirkt Wunder. Wissenschaftler sind diesem alten Hausmittel inzwischen auf die Spur gekommen: Zink in Verbindung mit Histidin verhindert das Eindringen der Erkältungsviren. Cysterin hat eine abschwellende Wirkung auf die Schleimhäute, und Kalium wirkt kräftigend, aufbauend und ausgleichend. Und all das ist in der guten Hühnersuppe enthalten.

Wenn ich eine kräftige Hühnersuppe haben möchte, verwende ich vorzugsweise Suppenhühner. Sie geben der Suppe einen intensiveren Geschmack und haben aufgrund ihres Alters mehr der obengenannten Inhaltsstoffe als ein junger Hahn. Das Fleisch eines Suppenhuhns ist allerdings sehr viel zäher und braucht eine viel längere Kochzeit. Aber es hat uns ja auch schon fleißig mit Eiern versorgt. Leider ist es schwierig geworden, Suppenhühner im Handel zu bekommen. Fragen Sie Ihren Geflügelhändler. Möglicherweise müssen Sie das Suppenhuhn auch vorbestellen. Alternativ können Sie die Hühnersuppe auch aus Hühnerklein

kochen. Das erhalten Sie beim Geflügelhändler sehr preiswert. Hühnerklein besteht zum Beispiel aus Flügel, Hals, Magen und Knochen.

Auch hier möchte ich Ihnen noch einmal ans Herz legen: Geflügel aus artgerechter Haltung erzielt ein besseres Kochergebnis. Sie werden es schmecken!

Sie brauchen für 4 Personen:

1 Bund Suppengrün

1 Zwiebel

1 Suppenhuhn oder 2 kg Hühnerklein

1 Lorbeerblatt

1 TL Pfefferkörner

3–5 Nelken

ca. 3 l Wasser

Salz, Pfeffer

evtl. Petersilie oder Schnittlauch

1 Karotten und Sellerie waschen und schälen.

2 Wurzelansatz und das harte Grün vom Porree abschneiden und gründlich unter fließendem Wasser waschen.

3 Gemüse in kleine Würfel oder Scheiben schneiden, die Zwiebel pellen und vierteln.

4 Das Huhn kalt abwaschen.

5 Das Huhn, gut die Hälfte vom Suppengrün, die Zwiebel und die Gewürze in einen großen Topf geben und mit dem kalten Wasser auffüllen, sodass alles gut bedeckt ist.

6 Langsam zum Köcheln bringen und bei offenem Topf ca. 3 Stunden köcheln lassen. Das Huhn muss immer von der Flüssigkeit bedeckt sein. Notfalls mit Wasser auffüllen.

7 Dabei immer mal wieder den weißen Schaum (das ist das austretende Eiweiß) mit einer Schaumkelle abschöpfen.

8 15 Minuten vor Garende etwas Flüssigkeit abschöpfen und das restliche kleingeschnittene Gemüse in einem separaten Topf bissfest kochen.

9 Das Huhn aus der Brühe nehmen und etwas abkühlen lassen, dann enthäuten und die Knochen herauslösen.

10 Das Fleisch in kleine Würfel schneiden und zum Teil in die Suppe geben.

11 Das separat gekochte Gemüse dazugeben.

12 Vorsichtig mit Salz und Pfeffer würzen.

13 Wer mag, garniert die Suppe mit feingeschnittener Petersilie oder Schnittlauchröllchen.

TIPP 1 Garprobe: Wenn sich ein Bein leicht ablösen lässt, ist das Huhn gar.
TIPP 2 Wollen Sie die Brühe nicht so fett, stellen Sie sie über Nacht kalt. Dann können Sie anderntags die Fettschicht, die sich gebildet hat, einfach von der Brühe abheben.
TIPP 3 Benutzen Sie Hühnerklein ohne Leber, sonst wird die Suppe bitter.

Mit dieser Hühnerbrühe können alle Saucen und Suppen verfeinert werden, für die Sie sonst Wasser nehmen müssten. Wenn in einem Rezept steht, dass Sie Hühnerfond benutzen sollen, ist genau diese Suppe perfekt.

Sie können dann das Fleisch, statt es in die Suppe zu schneiden, für ein Hühnerfrikassee verwenden.

WICHTIG! Beim Umgang mit rohem Geflügel müssen Sie unbedingt auf Hygiene achten und alle Küchengeräte, die mit dem Geflügel in Berührung gekommen sind, sofort gründlich mit heißem Wasser und Spülmittel abwaschen. Und Hände waschen.

Gemüse- und Cremesuppen
mit und ohne Einlage

Diese Suppen sind schnell zubereitet und machen viel her. Sie brauchen nur ein bisschen Gemüse, Brühe und einen Pürierstab oder ein feines Sieb. Nebenbei, ich liebe meinen Pürierstab und diese Suppen! Hier benutze ich auch schon mal eine fertige Gemüsebrühe aus dem Reformhaus. Aber gegen eine selbstgemachte Brühe ist das kein Vergleich.

Mit einem Schuss Sahne oder einem Sahnehäubchen, mit einigen Tropfen Kürbiskernöl oder ein wenig Olivenöl können Sie die Suppe noch weiter verfeinern. Oder stellen Sie sich eine feine Kartoffelsuppe vor mit etwas Krabbenfleisch oder Fischstückchen: Ist das ein Traum? Mit frischgeschnittenen oder -gezupften Kräutern serviert – ich habe noch niemanden getroffen, der dabei nicht weich geworden wäre.

GEMÜSEBRÜHE
– AUCH FÜR VEGETARIER

Dieses Rezept ist die Grundlage für Gemüsesuppen. Natürlich können Sie auch die Hühnerbrühe verwenden, aber nicht jeder isst Fleisch. Ich koche mir immer einen kleinen Vorrat dieser Brühe und friere sie dann portionsweise, immer so ca. 1 Liter, ein.

Sie brauchen für ca. 3 l Gemüsebrühe:

250 g Karotten
3 Porree
1 kleine Sellerieknolle oder 3 Stangen Bleichsellerie
1 Petersilienwurzel
wer mag, auch ½ Fenchelknolle
2 mittelgroße Zwiebeln
3–5 EL Olivenöl
ca. 3 l Wasser
2 Lorbeerblätter
1 Zweig Thymian
Petersilienstängel, Pfefferkörner

1 Gemüse putzen und in nicht zu feine Stücke schneiden.

2 Zwiebeln pellen und in grobe Würfel schneiden.

3 Olivenöl in einem Topf erhitzen.

4 Zwiebeln ca. 5 Minuten darin glasig dünsten.

5 Das Gemüse hineingeben und ebenfalls 3 Minuten andünsten.

6 Mit dem kalten Wasser auffüllen, Gewürze hinzufügen und alles zum Kochen bringen.

7 Sobald das Wasser kocht, Hitze auf mittlere Temperatur reduzieren und ca. 1 bis 1½ Stunden leise köcheln lassen.

8 Immer mal wieder den weißen Schaum mit einer Schaumkelle abschöpfen.

9 Anschließend die Brühe durch ein feines Sieb gießen.

Das Gemüse ist jetzt so ausgelaugt, dass Sie es nicht mehr weiterverwenden sollten. Dafür kochen Sie darin ja auch eine so köstliche Suppe, dass man Ihnen eine Krone aufsetzen kann.

Und nun ran an die einfachen Rezepte!

KARTOFFELSUPPE AUF DIE FEINE ART

Sie brauchen für 4 Personen:

1 Zwiebel
500 g Kartoffeln
2 EL Öl oder 1 EL Butter
1 l Gemüsebrühe
1 Lorbeerblatt
1 Zweig Thymian
1 Becher Sahne
Salz, Muskatnuss
Kräuter zum Garnieren

1 Zwiebel pellen und in kleine Würfel schneiden.

2 Kartoffeln waschen, schälen und in kleine Würfel schneiden.

3 Öl oder Butter in einem Topf erhitzen und Zwiebeln darin andünsten.

4 Kartoffeln dazugeben.

5 Mit der Gemüsebrühe auffüllen, bis die Kartoffeln knapp bedeckt sind.

6 Gewürze zufügen (am besten in einem kleinen Beutel, so lassen sie sich besser entfernen).

7 Alles ca. 15 Minuten garen.

8 Mit dem Pürierstab die Suppe pürieren.

9 Den Rest der Brühe hinzufügen und erhitzen.

10 Die Sahne hineingeben und einmal umrühren.

11 Mit Salz und Muskatnuss abschmecken.

12 Noch einmal mit dem Pürierstab aufschäumen.

13 In Teller füllen und mit den Kräutern garnieren.

Diese Suppe lässt sich auf vielfältige Weise verändern:
Füllen Sie in jeden Teller 1 bis 2 Esslöffel Nordseekrabben und garnieren Sie die Suppe mit einem Zweig Dill.

Oder nehmen Sie Räucherlachs, schneiden ihn in Streifen und geben ihn in die Suppe.

Oder braten Sie Streifen von Schinkenspeck kross und ab in die Suppe.

Oder ersetzen Sie einen Teil der Kartoffeln durch Karotten oder Zucchini.

Oder garen Sie das Weiße vom Porree, das Sie in feine Ringe geschnitten haben, mit.

Oder garen Sie die Porreeringe extra und geben Sie sie anschließend in die Suppe.

Oder ersetzen Sie die Sahne zum Teil durch Crème fraîche, Schmand oder saure Sahne.

Hier könnten noch viel mehr ODER stehen, aber ich lass Sie jetzt einfach mal experimentieren.

SCHWARZWURZELSUPPE

Sie brauchen für 4 Personen:

500 g Schwarzwurzeln
Essig
1 mittelgroße Kartoffel
½ l Gemüse- oder Hühnerbrühe
½ Becher Sahne
Salz, Pfeffer
Zitronensaft

1 Schwarzwurzeln schälen, in kleine Stücke schneiden.

2 Diese bis zum Kochen in eine Schüssel mit Essigwasser legen, damit sie nicht braun werden.

3 Kartoffel schälen und in kleine Stücke schneiden.

4 Alles in einen Topf geben und mit der Brühe auffüllen, sodass das Gemüse knapp bedeckt ist.

5 Alles ca. 15 Minuten garen.

6 Mit dem Pürierstab die Suppe pürieren.

7 Den Rest der Brühe hinzufügen und erhitzen.

8 Die Sahne hineingeben und einmal umrühren.

9 Mit Salz, Pfeffer und Zitronensaft abschmecken.

10 Noch einmal mit dem Pürierstab aufschäumen.

TOMATENSUPPE AUS FRISCHEN TOMATEN

Sie brauchen für 4 Personen:

1 kg Tomaten
2 Knoblauchzehen
Butter
1 Zweig Estragon
1 l Gemüse- oder Hühnerbrühe
Salz, Pfeffer, Zucker
4 EL Crème fraîche oder Schmand
Basilikumblätter

1 Tomaten waschen, Stielansätze herausschneiden (die sind giftig) und in grobe Stücke schneiden.

2 Knoblauch pellen und in Stifte schneiden.

3 Butter erhitzen.

4 Tomaten und Knoblauch darin andünsten.

5 Estragon dazugeben und mit 1 Tasse Brühe aufgießen.

6 So lange köcheln, bis die Tomaten auseinanderfallen.

7 Dann alles durch ein feines Sieb passieren.

8 Mit der restlichen Brühe auffüllen und alles bei offenem Deckel einkochen, bis die Suppe dicklich ist.

9 Mit Salz und Pfeffer am besten aus der Mühle und etwas Zucker abschmecken.

10 Crème fraîche oder Schmand entweder in die Suppe rühren oder auf die Teller verteilen und mit Basilikumblättern garnieren.

WIRSINGSUPPE MIT CURRYSAHNE

Diese Suppe ist vielleicht ein bisschen außergewöhnlich, und ich weiß auch nicht mehr, von wem ich dieses Rezept bekommen habe. Aber sie ist immer wieder ein voller Erfolg.

Sie brauchen für 4 Personen:

250 g Kartoffeln
750 g Wirsingkohl
3 EL Butter
1 EL mildes Currypulver
1 EL scharfes Currypulver
1 l Gemüsebrühe
Salz
⅛ l Schlagsahne

1 Kartoffeln waschen, schälen und in Würfel schneiden.

2 Wirsing waschen, vierteln, den Strunk entfernen und drei Viertel in Streifen schneiden. Die ganz harten Blätter nicht verwenden.

3 Ein Viertel des Wirsings in ganz feine Streifen schneiden und für die Einlage beiseitelegen.

4 2 Esslöffel Butter in einem Topf erhitzen und die Kartoffeln und den Wirsing darin andünsten.

5 Currypulver darüberstreuen, alles vermengen und nochmals ca. 3 Minuten bei milder Hitze anschwitzen.

6 Mit der Brühe auffüllen, alles zum Kochen bringen und ca. 20 Minuten bei milder Hitze garen.

7 Während die Suppe gart, den in feine Streifen geschnittenen Kohl in 1 Esslöffel Butter kurz anschwitzen und ca. 3 Esslöffel Wasser dazugeben.

8 Ganz leicht salzen und ca. 5 Minuten dünsten.

9 Die fertige Suppe pürieren.

10 Die Sahne unterrühren.

11 Mit Salz abschmecken.

12 Die noch bissfesten Kohlstreifen als Einlage in die Suppe geben.

KALTE GURKENSUPPE

Sie brauchen für 4 Personen:

1 Gurke
Salz
1 Bund Schnittlauch
1 Bund Kerbel
6 Becher Joghurt
Saft einer halben Zitrone
½ TL gestoßenen Pfeffer
½ TL Kümmel

1 Die Gurke waschen und abtrocknen. Nicht schälen.

2 Der Länge nach halbieren und mit einem kleinen Löffel die Kerne entfernen.

3 Anschließend in ganz kleine Würfel schneiden, leicht einsalzen und ca. 20 Minuten ziehen lassen.

4 Schnittlauch und Kerbel waschen, trocken tupfen und fein schneiden.

5 Die Gurke mit dem Wasser, das sie gezogen hat, in die Suppenschüssel geben.

6 Joghurt, Zitronensaft, Pfeffer und Kümmel zufügen und alles gut durchmischen.

7 Zum Schluss mit den geschnittenen Kräutern bestreuen.

8 Die Suppe bis zum Servieren in den Kühlschrank stellen.

KALTE KAROTTEN-KORIANDER-CREMESUPPE

Dieses Rezept stammt von meiner Freundin Anja, der Expertin im Experimentieren. Die Suppe ist so lecker, dass ich sie Ihnen nicht vorenthalten möchte.

Sie brauchen für 4 Personen:

500 g Karotten
1 Zwiebel
1 Stück frischen Ingwer
Butter
100 ml Orangensaft
200 ml Gemüsebrühe
Salz, Pfeffer, Muskat
1 Prise Cayennepfeffer
1 TL Korianderpulver
Saft von 1 Limette
1 Prise Zucker
300 ml saure Sahne
½ Bund frischgeschnittenes Koriandergrün

1 Karotten schälen und in Würfel schneiden.

2 Zwiebel pellen, Ingwer schälen und beides fein würfeln.

3 Butter erhitzen.

4 Zwiebel, Karotten und Ingwer darin andünsten.

5 Mit Orangensaft und Gemüsebrühe auffüllen und zum Kochen bringen.

6 Sobald die Flüssigkeit kocht, Hitze auf mittlere Temperatur reduzieren und Karotten in ca. 12 bis 15 Minuten gar köcheln.

7 Dann alles in eine Schüssel geben und mit dem Pürierstab pürieren.

8 Das Möhrenpüree im Kühlschrank vollständig erkalten lassen.

9 Mit Salz, Pfeffer, Muskat, Cayennepfeffer, Korianderpulver, Limettensaft und Zucker kräftig abschmecken.

10 Vor dem Servieren die saure Sahne mit dem Schneebesen unterrühren.

11 Mit frischgeschnittenem Koriandergrün garnieren.

Diese Suppe kann auch warm serviert werden!

DEFTIGER ERBSENEINTOPF

Als Kind habe ich im Garten gerne Erbsen gepflückt, wenn sie noch nicht ganz reif waren. Sie sind dann noch ganz süß, und wir haben sie mitsamt der Schote gegessen. Doch es gab immer einen Mordsärger, wenn wir die Zuckerschoten von den Büschen gezogen haben – denn die Erbsen sollten ja reif werden. Nur: Die reifen Erbsen mochte ich nicht. Und bis heute gehören Erbsen nicht zu meinen Lieblingsgemüsen. Aber dafür esse ich gerne einen deftigen Erbseneintopf.

Sie brauchen für 4 Personen:

1 Zwiebel
1 EL Butter
ca. 1 ½ l Wasser
300 g grüne, getrocknete Schälerbsen (die brauchen nicht eingeweicht zu werden)
600 g Nackenkassler, gerne mit Knochen
2 TL getrockneten Majoran
3 Lorbeerblätter
400 g Kartoffeln
1 Bund Suppengrün
Salz, Pfeffer

1 Zwiebel pellen und würfeln.

2 Butter erhitzen.

3 Zwiebel darin glasig dünsten.

4 Mit dem Wasser auffüllen.

5 Erbsen, Kassler, getrockneten Majoran und Lorbeerblätter hinzugeben und aufkochen lassen.

7 Sobald die Flüssigkeit kocht, Hitze auf mittlere Temperatur reduzieren und alles ca. 1 Stunde köcheln lassen.

8 Inzwischen Kartoffeln schälen, waschen und in Würfel schneiden.

9 Das Suppengemüse putzen, die Karotten in Scheiben, Sellerie in Würfel und Porree in Ringe schneiden.

10 Das Gemüse nach ca. 30 Minuten in die Suppe geben.

11 Wenn alles gar ist, den Kassler aus der Suppe nehmen, das Fleisch vom Knochen lösen und in Würfel schneiden.

12 Den Kassler in die Suppe geben.

13 Mit Salz und Pfeffer abschmecken.

Wer es ganz üppig mag, schneidet noch Wurst in den Eintopf.

TIPP Erst ganz zum Schluss salzen, da die Erbsen sonst nicht weich kochen.

SAUERKRAUTSUPPE

Auch das Rezept für die Sauerkrautsuppe kenne ich von meiner Freundin Anja. Sie ist köstlich und einfach zuzubereiten. Und wenn man das Rezept vervielfacht, macht die Sauerkrautsuppe auch eine ganze Armee von Umzugshelfern satt.

Sie brauchen für 4 Personen:

½ kg Zwiebeln, können auch mehr sein
400 g mageren durchwachsenen Speck
1 kleine Dose Tomatenmark
1 große Dose Sauerkraut
1 große Dose ganze geschälte Tomaten
ca. 1 l Wasser
je 1 TL getrockneten Oregano und Thymian
¼ TL Cayennepfeffer
2 EL Kümmel
Salz (vorsichtig, da der Speck schon salzig ist)
Zucker nach Geschmack
2 Becher Sahne
3 Stück ungebrühte feine Bratwurst
1 Becher Crème fraîche

1 Zwiebeln pellen und in Würfel schneiden.

2 Speck in Würfel schneiden.

3 Speck in einen Topf geben und auslassen.

4 Zwiebeln im ausgelassenen Fett anbraten.

5 Tomatenmark dazugeben und mit anschwitzen.

6 Sauerkraut grob hacken.

7 Zusammen mit den Tomaten zu den Zwiebeln in den Topf geben.

8 Mit einer Dose Wasser auffüllen, Gewürze und Sahne dazugeben und alles zum Kochen bringen.

9 Bei milder Hitze ca. 40 Minuten garen.

10 Kleine Klößchen aus dem Bratwurstdarm drücken, in die Suppe geben und ca. 5 Minuten ziehen lassen.

11 Crème fraîche aufrühren und getrennt zur Suppe reichen. Wer mag, nimmt sich einen Klacks davon.

MÖHRENEINTOPF

Man mag sich fragen, warum die Eintöpfe bei Mutter oder Oma früher so anders schmeckten als heute. Ich erinnere mich dabei immer an unseren Garten. Dort ist das Gemüse ohne Düngemittel gewachsen. Es schmeckte einfach sauberer. Mir geht der Duft von frischgepflückter Petersilie nicht aus der Nase. Davon ist die Petersilie aus dem Supermarkt weit entfernt. Darum sollten Sie auch beim Eintopf Gemüse aus biologischem Anbau verwenden. Es schmeckt einfach besser.

Für einen großen Topf benötigen Sie:

500 – 750 g durchwachsenen geräucherten Speck
1 – 1 ½ kg Karotten
½ – 1 kg Kartoffeln
1 Zwiebel
1 Lorbeerblatt
5 Nelken
1 TL Pfefferkörner
1 Handvoll frischgeschnittener Petersilie

1 Den Speck in einen Topf geben und mit Wasser auffül-
    len, sodass er bedeckt ist.

2 Zum Kochen bringen und dann bei mittlerer Tempera-
    tur ca. 40 bis 45 Minuten köcheln lassen.

3 Karotten schälen und in Stücke schneiden.

4 Kartoffeln schälen und in kleine Würfel schneiden.

5 Zwiebel pellen und in Würfel schneiden.

6 Alles mit den Gewürzen (siehe Tipp 1 auf Seite 103) zum
    Speck geben und aufkochen lassen.

7 Hitze reduzieren und ca. 30 Minuten garen.

8 Speck und Gewürze herausnehmen.

9 Den Speck in Scheiben schneiden.

10 Die Petersilie darüberstreuen.

Meine Oma goss nach dem Kochen die Flüssigkeit ab und
stampfte das Gemüse mit einem Kartoffelstampfer grob zu
einem Brei. Anschließend goss sie von der Flüssigkeit wieder
so viel auf, dass die Konsistenz wie fluffiges Kartoffelpüree
war. Außerdem kamen hellbraun gebratene Zwiebelringe
auf den Brei. Daher schmeckte der Möhreneintopf sehr lieb-
lich, denn gebratene Zwiebeln haben eine gewisse Süße.

FLEISCH

Wer beim Fleischkauf auf Qualität achtet, hat beim Zubereiten Erfolg. Legen Sie Wert auf Fleisch aus artgerechter Tierhaltung. Ein Schwein, das unter freiem Himmel suhlen konnte, oder ein Rind, das nicht nur Beton gesehen hat, sondern auch auf einer Wiese grasen durfte, hatte nicht nur ein besseres Leben. Dieses Fleisch schmeckt auch besser.

Natürlich ist das auch eine Preisfrage. Ich jedenfalls kaufe lieber seltener, aber dafür wirklich gutes Fleisch. Am leichtesten geht das bei einer zuverlässigen Quelle. Ich kaufe mein Fleisch in der kleinen, eingesessenen Schlachterei gleich bei mir an der Ecke. Da ist es schon vorgekommen, dass der Schlachter gesagt hat: «Tut mir leid, aber das Rumpsteak kann ich Ihnen leider noch nicht verkaufen. Das ist noch nicht lange genug abgehangen.» Das ist für mich ein ehrlicher Schlachter, der mir nicht um jeden Preis alles verkaufen will. Und wenn ich etwas Besonderes brauche, bestelle ich es vor.

Verzichten Sie auf abgepacktes Fleisch. Wenn Sie im Supermarkt Fleisch kaufen, gehen Sie besser an die Theke, wo Sie bedient werden. Und lassen Sie sich beraten. Auch der Schlachter im Supermarkt möchte zufriedene Kunden wiedersehen.

Eine kleine Mogelei hörte ich kürzlich von jemandem, der von Beruf Schneider ist. Er macht einen Krustenbraten, von dem alle schwärmen. Dafür geht er zum Schlachter im Supermarkt und sagt: «Kollege, ich brauche mal wieder einen guten Braten.» Und dieser verkauft seinem «Standeskollegen» natürlich nur die beste Ware.

Was es mit dem Abhängen auf sich hat

Fleisch muss nach dem Schlachten noch reifen. Es muss im wahrsten Sinne des Wortes eine Weile im Kühlhaus abhängen, um seinen Geschmack zu entfalten. Es wird dabei mürber und zarter. Erst danach ist Fleisch wirklich genießbar.

Fleisch braucht Fett

Kaufen Sie marmoriertes Fleisch. Es ist das Fettgewebe im Inneren des Fleisches, welches das Fleisch durch den farblichen Unterschied zum Muskelgewebe wie Marmor erscheinen lässt. Und dieses Fett ist im Fleisch erwünscht:

nicht nur, weil Fett ein ganz wichtiger Geschmacksträger ist, sondern auch, weil es das Fleisch besonders zart und saftig macht. Ganz mageres Fleisch wird vor der Zubereitung sogar extra mit Speck umwickelt, damit es nicht zu trocken wird. Also: Fett besser mitgaren.

Fleisch ist nicht gleich Fleisch

Warum braucht ein Steak nur einige Minuten, bis es fertig gebraten ist, während ein Schmorbraten mehrere Stunden vor sich hin gart? Das liegt ganz einfach daran, dass die Fleischstücke unterschiedlich lange Muskelfasern haben. Kurzfasriges Fleisch benötigt nur kurze Garzeiten; längerfasriges ist fester und braucht entsprechend länger zum Garen.

Als Faustregel gilt: Schulter, Bein und Brust werden lange gekocht oder geschmort. Das Fleisch vom vorderen Rücken und oberen Hinterbein gibt schöne Braten. Fleisch aus der Hüfte wie Rumpsteaks, Schnitzel und Lendenkoteletts landen häufig auf dem Grill oder in der Pfanne.

Deshalb brauchen Sie nicht unbedingt das besonders zarte und deshalb teurere Stück Fleisch zu kaufen. Auch mit festerem und deshalb preisgünstigerem Fleisch können Sie wunderbar schmackhafte und auch zarte Fleischgerichte zubereiten, wenn Sie die entsprechende Garmethode wählen.

Fünf wichtige Fleisch-Tipps

TIPP 1 Fleisch sollte Raumtemperatur haben, wenn es zubereitet wird. Am besten nehmen Sie es 1 Stunde vorher aus dem Kühlschrank.

TIPP 2 Fleisch sollte immer quer zur Faser geschnitten werden, sonst wird es Kaufleisch.

TIPP 3 Nicht mit der Gabel in das Fleisch stechen, es verliert sonst Saft.

TIPP 4 Fleisch muss nach dem Garen ruhen, damit sich der Fleischsaft setzt und beim Aufschneiden nicht ausläuft.

TIPP 5 Kurzgebratenes Fleisch entweder nach dem Braten oder unmittelbar vor dem Braten salzen. Aber das ist eine Glaubensfrage.

Das Geheimnis von gutem Braten

Wenn man einen Braten zubereitet, dann sollte es gleich ein großer sein. Ein Braten unter 2 Kilo, das geht selten gut. Denn je kleiner das Stück ist, umso eher trocknet es aus.

Aber auch um die großen Braten muss man sich kümmern, will sagen: Braten sollten ca. alle 20 Minuten mit dem Bratensud begossen werden. Falls der Bratensud zu verschwinden droht, etwas heißes Wasser oder Brühe nachgießen.

Bratensauce lecker strecken

Selbst ein guter Braten gibt nur wenig Sauce. Denn man kann nicht so viel Flüssigkeit zugeben wie bei Schmorgerichten. Schon meine Oma hat deshalb bei der Bratensauce geschummelt. Bei ihr stand im Schrank immer ein Topf Liebigs Fleischextrakt, mit dem dann die Sauce verlängert wurde. Das ist eine eingedickte Fleischbrühe, die sich Ende des 19. bis Mitte des 20. Jahrhunderts großer Beliebtheit erfreute.

Möchte man viel Sauce haben, lässt man sich beim Schlachter ein paar Knochen zersägen und brät sie zusammen mit Zwiebeln scharf an, löscht alles mit Brühe oder auch Wasser ab und gibt es mit in den Bratensud. So bekommt man mehr natürliches Aroma in die Sauce als mit einem Fertigprodukt.

Jedes Stück Fleisch hat seine Garzeit

Wie lange ein Stück Fleisch zum Garen braucht, hängt von drei Faktoren ab: der Fleischsorte, der Größe und Form sowie der Temperatur im Ofen. Ein Braten ist gar, wenn er im Inneren eine bestimmte Temperatur erreicht. Man spricht auch von der Kerntemperatur.

Sie liegt für
Roastbeef (rosa) bei 57 bis 60 Grad,
Rinderbraten bei 80 bis 85 Grad,
Kalb bei 75 bis 80 Grad,
Schweinefilet bei 65 Grad,
Schweinefleisch (voll gar) bei 85 Grad,

Lamm (rosa) bei 70 Grad,
Lamm (voll gar) bei 85 Grad,
Hähnchen bei 85 Grad,
Gans bei 90 Grad,
Ente bei 80 bis 90 Grad.

Vielleicht verstehen Sie jetzt, warum ich in den Rezepten keine exakten Garzeiten angebe. Aber Ihr Schlachter kann schon eher etwas zu dem speziellen Stück sagen. Allerdings weiß natürlich auch er nicht, wie es in Ihrem Ofen wirklich aussieht. Denn jeder Ofen führt ein Eigenleben, und das muss man erst einmal kennenlernen.

Trotzdem können Sie sich getrost an jedes Stück Fleisch heranwagen, denn es gibt ja die Garprobe.

Die Garprobe

Braten:
Vor allem, wenn man seinen Backofen noch nicht kennt, ist ein Fleischthermometer ein höchst nützliches Instrument. Es wird in die dickste Stelle des Bratens gesteckt und misst die Temperatur im Inneren des Bratens. Der Braten ist fertig, sobald die richtige Kerntemperatur erreicht ist.

Kurzgebratenes:
Bei Kurzgebratenem können Sie den Garzustand fühlen, indem Sie mit einem Kochlöffel auf das Fleischstück drücken. Sie erkennen am Widerstand, ob das Fleisch im Inneren noch blutig, rosa oder schon Schuhsohle ist.

Mit Ihren Händen können Sie testen, wie der Widerstand sich anfühlen soll:

- Halten Sie Daumen und Mittelfinger einer Hand zusammen, so als würden Sie damit ein Papier festhalten. Wenn Sie jetzt mit einem Finger der anderen Hand die Spannung des Daumenballens prüfen, fühlen Sie, dass er noch weich ist. Diese Spannung entspricht der von Fleisch, das im Inneren noch blutig ist. Beim Steak nennt man das englisch.
- Wenn Sie diese Probe mit Daumen und Ringfinger wiederholen, federt der Daumenballen so wie Fleisch, das im Inneren rosa ist. Beim Steak spricht man von medium.
- Durchgebratenes Fleisch fühlt sich an wie der feste Widerstand des Daumenballens beim Zusammenhalten von Daumen und kleinem Finger. Schweinefleisch schmeckt am besten durchgebraten. Beim Rind ist es Geschmackssache.

Geflügel:
Geflügel sollte stets durchgegart sein. Wenn Sie mit einer Nadel in die dickste Stelle des Geflügels stechen und kein rötlicher, sondern weißer Saft austritt, ist der Vogel gar.

TAFELSPITZ
MIT MEERRETTICHSAUCE

Tafelspitz ist ein mageres, sehr zartes Fleisch, das spitz zu-
läuft (daher sein Name). Es wird aus der Hüfte des Rindes
oder Kalbs geschnitten. In einem ganz alten Rezeptbuch
habe ich einmal gelesen, dass der Kalbstafelspitz in ein
Mulltuch gepackt und über der Brühe, das heißt im Dampf,
gegart wird. Der echte Tafelspitz ist wirklich ein sehr edles,
zartes Stück Fleisch.

Ich gare den Tafelspitz in einer Rinderbrühe, die ich am
Vortag zubereite. So verkürzt sich die Zubereitungszeit am
Tag selbst.

Sie brauchen für ca. 6 Personen:

1 ½ kg Tafelspitz vom Kalb oder Rind
Für die Brühe:
1 Bund Suppengrün
½ kg Ochsenbein
3 – 4 Rinderknochen, am besten Markknochen
1 – 2 Zwiebeln
1 – 2 Knoblauchzehen
1 – 2 Lorbeerblätter
1 TL Pfefferkörner
3 – 5 Nelken
ca. 3 l Wasser

Brühe kochen:

1 Das Gemüse putzen und in Stücke schneiden. Ochsenbein und Knochen kalt abwaschen.

2 Ochsenbein, Knochen, Suppengrün, Zwiebeln, Knoblauch und die Gewürze im kalten Wasser aufsetzen und ca. 3 Stunden köcheln lassen.

3 Immer mal wieder den weißen Schaum mit einer Schaumkelle abschöpfen.

4 Die fertige Brühe durch ein Sieb geben.

Tafelspitz garen:

1 Die Brühe zum Kochen bringen.

2 Tafelspitz unter fließendem Wasser kurz abspülen, in die heiße Brühe legen.

3 Die Hitze reduzieren und ca. 2 bis 3 Stunden simmern lassen, bis er gar ist. Dabei muss der Tafelspitz immer mit Brühe bedeckt sein. Notfalls also etwas heißes Wasser nachgießen.

4 Tafelspitz anschließend mit der Schaumkelle aus der Brühe nehmen, in Alufolie einpacken und vor dem Aufschneiden 10 Minuten ruhen lassen.

Kalbstafelspitz braucht eine geringere Garzeit als Rinder-tafelspitz.

Tafelspitz wird traditionell mit Salzkartoffeln, Bohnen und Meerrettichsauce serviert.

Für die Meerrettichsauce: (ausführliches Rezept siehe Seite 82–83)

1 Meerrettich schälen. Dann fein reiben und ein paar Tropfen Zitronensaft darüberträufeln oder mit 1 Teelöffel Milch verrühren.

2 Aus 3 Esslöffel Butter, 3 Esslöffel Mehl und ca. drei Viertel Liter der Brühe eine Mehlschwitze zubereiten.

3 Mit Zitronensaft, Salz und Zucker abschmecken und zum Schluss den Meerrettich unterrühren. Dann die Sauce auf keinen Fall mehr aufkochen, sonst verfliegt das Aroma.

4 Ein Schuss Sahne zum Schluss verfeinert den Geschmack.

HÜHNERFRIKASSEE

Sie brauchen für 4 Personen:

Für die Brühe:
1 Bund Suppengrün
1 Zwiebel
1 Suppenhuhn
1 Lorbeerblatt
Für die Sauce:
3 EL Butter
3 EL Mehl
¾ l Brühe
100 g Champignons
Salz, Muskat, Zitronensaft
ein Schuss Sahne

Brühe kochen:

1 Das Suppengrün putzen und in Stücke schneiden, die Zwiebel pellen und vierteln.

2 Das Huhn gründlich unter fließend kaltem Wasser abwaschen.

3 Das Huhn mit Suppengrün, Zwiebel und Lorbeerblatt in kaltem Wasser aufsetzen und ca. 3 Stunden simmern lassen. Das Huhn soll vom Wasser knapp bedeckt sein; notfalls Flüssigkeit auffüllen.

4 Das Huhn herausheben, die Haut abziehen, das Fleisch von den Knochen lösen, in mundgerechte Stücke teilen und warm stellen.

5 Die Brühe durch ein Sieb geben.

Frikassee zubereiten:

1 Aus 3 Esslöffel Butter, 3 Esslöffel Mehl und ca. drei Viertel Liter der Brühe eine Mehlschwitze zubereiten (Rezept siehe Seite 79–81).

2 Die Champignons in feine Scheiben schneiden, in der restlichen Butter weich dünsten und in die Sauce geben.

3 Das Huhn in die Sauce geben.

4 Mit Salz, Muskat und Zitronensaft abschmecken.

5 Mit einem Schuss Sahne verfeinern.

Wer mag, kann außer den Champignons auch Spargelstücke oder grüne Erbsen ins Hühnerfrikassee geben. Wenn keine Saison ist, ist Spargel aus der Tiefkühltruhe eine gute Lösung. Er schmeckt fast wie frischer Spargel und wird auch so gegart (siehe Seite 59).

Wenn Sie kein Suppenhuhn bekommen können, dann können Sie die Brühe auch mit Hühnerklein zubereiten (Rezept siehe Seite 106–108) und für das Frikassee ein junges Huhn oder ein Brathähnchen nehmen. Das Huhn dafür ca. 40 Minuten in der Brühe simmern lassen.

WICHTIG! Beim Umgang mit rohem Geflügel müssen Sie auf Hygiene achten und alle Küchengeräte, die mit dem Huhn in Berührung gekommen sind, sofort gründlich mit heißem Wasser und Spülmittel abwaschen. Und Hände waschen.

Frikadellen & Co.

Hack zu kaufen ist Vertrauenssache. Ich mache um abgepacktes Hack grundsätzlich einen weiten Bogen und gehe
immer zu meinem Schlachter. Bei ihm darf ich zusehen, wie
er das Fleisch vor meinen Augen durch den Wolf dreht.

Da Hack leicht verderblich ist, sollte es an dem Tag zubereitet werden, an dem es gekauft wurde. Egal, ob Sie dann
Frikadellen braten, Kohlrouladen machen oder Schmorgurken füllen, den Teig für Königsberger Klopse herstellen oder
einfach Fleischklößchen für eine Suppe machen möchten,
das Grundrezept für den Hackteig ist immer gleich.

FRIKADELLEN BRATEN

Beim Hackteig muss das Verhältnis vom Bäcker (Brot) zum Schlachter (Hack) stimmen. Gegarte Zutaten wie Brot oder Paniermehl lockern den Fleischteig, rohe Zutaten wie Ei binden den Teig, damit er beim Braten nicht auseinanderfällt. Ist Ihnen der Hackteig mit einem Brötchen zu fest, nehmen Sie noch ein halbes Brötchen dazu.

Sie brauchen für 4 Personen:

1 trockenes Brötchen
1 mittelgroße Zwiebel
500 g Rinderhack, Schweinehack oder gemischtes Hack
1 Ei
1 EL Senf
1 TL Meerrettich
Salz und Pfeffer
    nach Geschmack
3 EL Fett zum Braten

1 Vom Brötchen die Kruste dünn abschneiden, sodass nur das Weiße übrig bleibt.

2 Das Brötchen in einer kleinen Schüssel mit kaltem Wasser bedeckt einweichen. Sie werden dabei feststellen, dass das Brötchen wieder wächst. Es saugt sich voll Wasser und quillt auf. Dieses Wasser wird nicht gebraucht.

3 Deshalb: Entweder drücken Sie das Wasser mit den Händen aus, oder Sie nehmen zwei Frühstücksbrettchen, legen das Brötchen dazwischen und pressen das Wasser vorsichtig aus.

4 Die Zwiebel pellen, halbieren und in ganz kleine Würfel schneiden (siehe Tipps zum Zwiebelpellen auf Seite 38).

5 Alle Zutaten in eine Schüssel geben und gut miteinander vermengen. Ich mache dies mit den Händen. So bekomme ich ein besseres Gefühl, wann die Zutaten gleichmäßig verteilt sind.

6 Aus dem Hackteig gleich große, plattrunde Klopse formen. Wenn Sie die Hände mit kaltem Wasser anfeuchten, lassen die Frikadellen sich leichter formen und kleben auch nicht an den Händen.

7 Fett in der Pfanne erhitzen und die Frikadellen hineingeben.

8 Dann die Hitze auf mittlere Stufe reduzieren und die Frikadellen von jeder Seite ca. 6 bis 8 Minuten braten. Die genaue Garzeit hängt von der Dicke der Frikadellen ab. Wenn Sie nicht sicher sind, ob die Frikadellen gar sind,

teilen Sie eine in der Mitte. Ist sie noch rosa, noch ein paar Minuten in der Pfanne lassen. Eine Frikadelle soll außen braun und knusprig, innen jedoch locker und saftig sein.

148
149

TIPP Statt Brötchen können Sie auch 2 Esslöffel Paniermehl verwenden. Paniermehl zum Aufquellen in eine Tasse Wasser rühren.

Frikadellen lassen sich geschmacklich verändern. Würzen Sie Ihre Frikadellen doch mal mit Paprikapulver, Currypulver, Knoblauch oder mit Kräutern wie Petersilie.

Jetzt haben Sie die Hürde für alle Hackgerichte genommen. Die Zubereitung des Teiges ist gleich.

KLÖSSCHEN FÜR DIE SUPPE

Aus dem Hackteig können Sie auch Klößchen für eine Suppe drehen. Allerdings muss die Zwiebel dann wirklich fein geschnitten oder gehackt sein. Falls das partout nicht gelingen will, können Sie die Zwiebel auch mit der Küchenreibe reiben.

1 Hackteig wie Frikadellenteig zubereiten (siehe Seite 147–148).

2 Aus dem Hackteig kleine Klößchen formen. Wenn Sie die Hände mit kaltem Wasser anfeuchten, lassen sich die Klöße leichter formen und kleben auch nicht an den Händen.

3 Die fertigen Fleischklößchen in die heiße Suppe geben und gar ziehen lassen. Wie schnell das geht, hängt natürlich von ihrer Größe ab. Die Klößchen schwimmen an der Oberfläche, wenn sie gar sind.

GEFÜLLTE KOHLROULADEN

Kohlrouladen machen zwar viel Arbeit und erfordern viel Geduld, aber das Ergebnis schmeckt köstlich. Wenn man denn Kohl mag.

Ich kann mich noch an meine ersten Kohlrouladen erinnern. Das Hack quoll raus. Die Rouladen waren angebrannt, und geschmeckt haben sie auch nicht sonderlich. Ich bin dann aber bei einer alten Dithmarscherin in die Lehre gegangen, und das Ergebnis ließ sich schließlich sehen und auch schmecken.

Sie brauchen für 4 bis 6 Kohlrouladen:

1 möglichst großen Weißkohl
Für den Hackteig:
500 g gemischtes Hackfleisch
1 trockenes Brötchen
1 Zwiebel
1 Ei
1–2 EL Senf
Salz, Pfeffer
scharfes Paprikapulver, getrockneten Majoran, Kümmelpulver nach Geschmack
Zum Anbraten und Schmoren:
Butterschmalz
½ l Gemüse- oder Fleischbrühe
1 Becher Crème fraîche oder Schmand

1 Aus den Zutaten für den Hackteig einen Teig wie Frika-
dellenteig zubereiten (siehe Seite 147–148).

2 Welke Kohlblätter entfernen und den Kohlkopf waschen.

3 Den Strunk etwas herausschneiden.

4 Wasser zum Kochen bringen und salzen.

5 Den ganzen Kohlkopf in das kochende Wasser legen und
ca. 10 Minuten kochen.

6 Kohlkopf herausnehmen und unter kaltem Wasser abschrecken.

7 Kohlblätter ablösen und abtropfen lassen.

8 Dicke Blattrippen abschneiden.

9 Je 2 bis 3 Kohlblätter über-
lappend flach auslegen, um
einen ausreichend großen
Kohlmantel zu erhalten.

10 Hackteig zu Röllchen formen.

11 Hackröllchen auf die Kohlblätter verteilen.

12 Blätter an den Seiten einschlagen und zu einer Roulade aufrollen.

13 Roulade mit Küchengarn zu einem Päckchen binden.

14 Butterschmalz in einem Schmortopf erhitzen.

15 Kohlrouladen hineinlegen und von allen Seiten anbraten, damit sie Farbe bekommen.

16 Brühe auffüllen und Rouladen ca. 30 Minuten schmoren.

17 Kohlrouladen herausnehmen.

18 Die Flüssigkeit etwas einkochen (reduzieren).

19 Schmand hinzufügen. Fertig!

Kohlrouladen schmecken sehr lecker mit Salzkartoffeln.

TIPP 1 Mir ist der Kohl von den Kohlrouladen immer zu wenig. Ich nehme deshalb einen Teil des übriggebliebenen Kohlkopfs, schneide ihn in feine Streifen, gebe 1 Esslöffel Kümmel dazu und schmore sie mit.
TIPP 2 Kohlgerichte werden durch Kümmel bekömmlicher.

KÖNIGSBERGER KLOPSE
– DIE EINFACHE VERSION

Königsberger Klopse bekommen ihren besonderen Geschmack von den Kapern. Ich liebe Kapern so sehr, dass die im Rezept angegebene Menge für mich nicht ausreicht. Aber das war nicht immer so. Als Kind habe ich die Kapern herausgefischt. Und ich weiß, dass viele Kinder das machen.

Sie brauchen für 4 Personen:

Für den Hackteig:
500 g Kalbs-, Schweine-, Rinder- oder gemischtes Hackfleisch
1 trockenes Brötchen
1 mittelgroße Zwiebel
1 Ei
Senf
geriebene Muskatnuss, Salz, weißen Pfeffer
Für die Brühe:
Wasser, Salz
1 – 2 Zwiebeln
2 Lorbeerblätter
ca. 6 Nelken
Für die Sauce:
2 EL Butter
2 EL Mehl
½ l Brühe
Salz, etwas Zitronensaft
2 EL Kapern oder mehr (nach Geschmack) und etwas Kapernsud aus dem Glas
½ Becher Sahne

1 Aus den Zutaten für den Hackteig einen Teig wie Frikadellenteig zubereiten (siehe Seite 147–148).

2 Einen ausreichend großen Topf mit so viel Wasser füllen, dass die Klopse darin schwimmen können. Das Wasser leicht salzen.

3 Die Zwiebeln (gepellt und geviertelt), Lorbeerblätter und Nelken hineingeben.

4 Das Wasser zum Kochen bringen.

5 In der Zwischenzeit aus dem Hackteig runde Klopse formen. Wenn Sie die Hände mit Wasser anfeuchten, klebt der Teig nicht.

6 Die Klopse ins Wasser geben, die Hitze auf kleine Temperatur reduzieren und die Klopse gar ziehen lassen. Das Wasser darf nicht kochen, sonst fallen die Klopse auseinander. Wenn die Klopse gar sind, steigen sie vom Topfboden an die Oberfläche und fangen an zu schwimmen.

7 Die Klopse aus der Brühe nehmen und warm stellen.

8 Die Brühe durchsieben.

9 Aus Butter und Mehl und ½ Liter der Brühe eine Mehlschwitze zubereiten (siehe Seite 79–81).

10 Sauce mit Salz und Zitronensaft abschmecken.

11 Die Kapern unterrühren.

12 Mit Sahne verfeinern und nicht mehr aufkochen.

13 Die Klopse in die Sauce geben.

Traditionell werden Königsberger Klopse mit Salzkartoffeln und eingelegter Roter Beete gegessen.

TIPP Es ist zwar nicht das Original, aber ich gebe manchmal auch kleingeschnittene Petersilie in den Hackteig.

SCHMORGURKEN

Schmorgurken sind ein typisches Spätsommer- oder Früh-
herbstgericht.

Sie brauchen für 4 Personen:

4 kleine oder 2 große Gemüse- oder Schmorgurken
Für den Hackteig:
500 g gemischtes Hackfleisch
1 trockenes Brötchen
1 mittelgroße Zwiebel
1 Ei
1 EL Senf
1 TL Meerrettich
Salz und Pfeffer nach Geschmack
Zum Anbraten und Schmoren:
etwas Butterschmalz
½ Tasse Gemüsebrühe
½ Becher Sahne
2 EL Tomatenmark
1 Bund Dill

1 Aus den Zutaten für den Hackteig einen Teig wie Frika-dellenteig zubereiten (siehe Seite 147–148).

2 Die Gurken schälen. Stiel- und Blütenansätze abschnei-den, die Gurken längs halbieren und mit einem kleinen Löffel die Kerne entfernen.

3 Den Hackteig in die Gurkenhälften drücken.

4 Butterschmalz in einem Schmortopf erhitzen und die Gurkenhälften mit der Hackseite darin anbraten.

5 Die Hälften drehen, sodass der Teig nach oben liegt.

6 Gemüsebrühe mit Sahne und Tomatenmark verrühren und dazugießen.

7 Den Schmortopf in den Backofen auf die mittlere Schiene schieben und die Schmorgurken bei 180 Grad ca. 30 bis 40 Minuten garen.

8 Dill klein schneiden und über die fertigen Schmorgurken streuen.

Das Rezept kann man natürlich auch mit Salatgurken zu-bereiten, aber die Schmorgurken haben einen würzig-pfef-ferigen Geschmack. Sie schmecken einfach nach Sommer.

FALSCHER HASE ODER HACKBRATEN FÜR JULIA

Sie brauchen für 4 Personen:

Für den Hackteig:

½ Bund Petersilie

500 g Hackfleisch

1 trockenes Brötchen

1 mittelgroße Zwiebel

1 Ei

1 EL Senf

Salz, Pfeffer, Paprikapulver

Für die Füllung:

1 Gewürzgurke

1 Petersilie klein schneiden.

2 Aus den Zutaten für den Hackteig einen Teig wie Frika-
dellenteig zubereiten (siehe Seite 147–148).

3 Den Hackteig zu einem Brotlaib formen.

4 Die Gurke in den Teig drücken und den Teig darüber gut
verschließen und fest andrücken.

5 Eine Kastenform einfetten und den Teig hineingeben. Mit
der Kastenform gelingt der Braten besser, weil er nicht
auseinanderfallen kann.

6 Den falschen Hasen auf der mittleren Schiene bei
160 Grad ca. 45 Minuten backen.

Sie können die Gurke auch durch 3 oder 4 hartgekochte
Eier ersetzen oder ausgelassene Speckwürfel in den Teig
geben.

WIENER SCHNITZEL, DAS ECHTE

Wenn Sie auf einer Speisekarte in einem Restaurant ein «Wiener Schnitzel» entdecken, dann muss das ein Kalbsschnitzel sein. Aber auch ein Schweineschnitzel kann auf «Wiener Art» zubereitet sein. Die «Wiener Art» ist nämlich das panierte Stück Fleisch.

Die Panierstation

Zum Panieren brauchen Sie drei tiefe Teller. In den ersten geben Sie so viel Mehl, dass Sie die Schnitzel damit leicht bestäuben, damit das Ei am Schnitzel hält. Im zweiten Teller verquirlen Sie das Ei, das für die Haftung vom Paniermehl sorgt. Der dritte Teller ist für das Paniermehl. Am besten, Sie stellen die Teller in dieser Reihenfolge auf. Dann können Sie die Schnitzel kurz vor dem Braten ganz in Ruhe im Mehl wenden, durch die Eimasse ziehen und danach im Paniermehl wenden.

Sie brauchen für 4 Personen:

4 Kalbsschnitzel, je ca. 120–150 g, vom Schlachter ganz dünn schneiden lassen (sagen Sie, dass Sie Wiener Schnitzel zubereiten möchten)
Butterschmalz zum Braten
Salz, Pfeffer
Mehl
Ei
Paniermehl
Zitrone
Petersilie

1 Panierstation vorbereiten.

2 Die Schnitzel nochmals vorsichtig flach klopfen.

3 In einer Pfanne reichlich Butterschmalz erhitzen, damit die Schnitzel im Fett fast schwimmen können.

4 Die Schnitzel unmittelbar vor dem Braten salzen und pfeffern.

5 Anschließend die Schnitzel durch die Panierstation schicken, das heißt eben in Mehl wenden, durch die Eimasse ziehen und locker im Paniermehl wenden. Das Paniermehl nicht andrücken, sonst gibt es keine schönen Blasen in der Panade.

6 Die rundum panierten Schnitzel in das heiße Fett geben, die Hitze auf mittlere Temperatur reduzieren und die Schnitzel ca. 2 bis 3 Minuten unter leichtem Schütteln der Pfanne auf der ersten Seite goldbraun braten.

7 Dann wenden und die zweite Seite goldbraun braten.

8 Schnitzel aus der Pfanne nehmen und das überschüssige Fett auf Küchenpapier abtropfen lassen.

Traditionell wird Wiener Schnitzel mit Zitronenscheiben garniert und mit Kartoffelpüree und Gurkensalat oder Kartoffel-Gurken-Salat serviert. So kenne ich es jedenfalls.

Schnitzel schmecken am besten, wenn sie frisch aus der Pfanne kommen.

Schmorgerichte

Schmorgerichte sind einfach zuzubereiten, und man braucht nicht einmal das teuerste Stück Fleisch, weil es langsam vor sich hin schmort und dadurch sehr zart wird.

Beim Schmoren werden zwei Gartechniken miteinander kombiniert. Zuerst wird das Fleisch in heißem Fett von allen Seiten scharf angebraten. Dabei bilden sich Röststoffe, die dem Schmorgericht das Aroma verleihen. Danach gibt man Flüssigkeit dazu und schmort das Gericht langsam bei milder Hitze und geschlossenem Deckel. Mit der Flüssigkeit löst man den schmackhaften Bratensatz vom Boden. Eigentlich ist es das Angebrannte, aber das bildet die Basis für eine gute Schmorsauce.

Am einfachsten gelingt ein Schmorgericht in einem Schmortopf aus Gusseisen. Gusseisen hält die Hitze gut und leitet sie auch in die Wände. So entsteht im ganzen Topf eine gleichmäßige Wärme.

RINDERSCHMORBRATEN

Sie brauchen für einen saftigen Schmorbraten:

3 Karotten

1 Porree

2 mittelgroße Zwiebeln

2–3 Tomaten

1 Kartoffel für die Bindung der Sauce

1 kg Rinderbraten aus der Schulter

Pfeffer und Senf zum Einreiben des Bratens

Butterschmalz

2 Lorbeerblätter

1 Zweig Rosmarin

¼ l Wasser

1 Glas Rotwein

evtl. Sahne oder Crème fraîche

1 Karotten schälen und in große Stücke schneiden. Porree gründlich waschen, das harte Grün entfernen und den Rest in Ringe schneiden. Zwiebeln pellen und in grobe Stücke schneiden.

2 Tomaten waschen und Stielansätze herausschneiden.

3 Kartoffel schälen und in Stücke schneiden.

4 Fleisch rundum mit Pfeffer und Senf einreiben.

5 Einen großen Schmortopf ohne Fett erhitzen. Sie erkennen, ob der Topf heiß genug ist, wenn Sie einen Tropfen Wasser auf den Topfboden geben. Wenn der Wassertropfen tanzt, ist der Topf heiß genug.

6 Butterschmalz in den Schmortopf geben. Es hat gleich die richtige Temperatur.

7 Das Fleisch kräftig von allen Seiten anbraten, damit sich die Poren schließen und das Fleisch saftig bleibt.

8 Karotten, Kartoffel, Porree, Zwiebeln, Kräuter und Tomaten dazugeben und kurz anrösten.

9 Das Fleisch mit dem Wasser und Wein ablöschen. Dabei den Bratensud vom Boden loskochen. Mit dem Kochlöffel verrühren.

10 Deckel schließen und bei kleiner Hitze ca. 90 Minuten auf dem Herd schmoren.
Alternativ: Alles bei 150 Grad ca. 3 Stunden auf der mittleren Schiene im Backofen schmoren lassen.

11 Den Braten aus dem Topf nehmen, in Alufolie wickeln und ruhen lassen.

12 Bratensud mit einem Schuss Wein vom Boden loskochen und mit dem Gemüse durch ein Sieb passieren.

13 Je nach Geschmack mit Sahne oder Crème fraîche verfeinern.

Hierzu passen Salzkartoffeln, Kartoffelpüree oder auch Nudeln. Als Beilage eignen sich je nach Saison grüner Salat, Bohnen, Karotten und Rosenkohl.

TIPP Ein besonders intensives Aroma erhalten Sie, wenn Sie getrocknete Tomaten mitschmoren.
Und nicht zu viel Flüssigkeit während des Schmorens zufügen. Sie wollen den Braten ja schmoren und nicht kochen, sonst wird er leicht trocken und zäh.

RINDERGULASCH

Sie brauchen für 4 Personen:

500 g Zwiebeln
20 g getrocknete Tomaten
Butterschmalz oder Pflanzenöl zum Anbraten
500 g Rindergulasch
2–3 Knoblauchzehen (können, aber müssen nicht)
2 EL Tomatenmark
Pfeffer, Salz
Paprikapulver, evtl. Cayennepfeffer
1 Tasse Brühe oder Wasser zum Ablöschen
wenn Sie mögen, einen Schuss Rotwein

1 Zwiebeln pellen und in grobe Stücke schneiden.

2 Getrocknete Tomaten klein schneiden.

3 Einen großen Schmortopf ohne Fett erhitzen. Sie erkennen, ob der Topf heiß genug ist, wenn Sie einen Tropfen Wasser auf den Topfboden geben. Wenn der Wassertropfen tanzt, ist der Topf heiß genug.

4 Dann das Fett in den heißen Topf geben. **ABER ACHTUNG!** Das Fett darf nicht rauchen. Sonst ist es verdorben und muss entsorgt werden.

5 Das Gulasch dazugeben. Ich schichte das Fleisch in der Mitte des Topfes auf. So verliert der Topf nicht gleich so viel Hitze und das Fleisch keinen Saft.

6 Erst wenn die Unterseite der ersten Schicht angebraten ist, rühre ich die Fleischpyramide auseinander und brate den Rest an.

7 Dann Zwiebeln, eventuell Knoblauch und die Tomaten dazugeben und unter Rühren kurz anrösten.

8 Tomatenmark zugeben und ca. 1 Minute anschwitzen.

9 Salz und Gewürze zufügen und das Fleisch mit Brühe oder Wasser und eventuell einem Schuss Rotwein ablöschen. Dabei das Angesetzte vom Topfboden loskochen. Mit dem Kochlöffel verrühren.

10 Deckel auf den Topf setzen, Hitze auf kleine Temperatur reduzieren und alles langsam ca. 1½ Stunden schmoren lassen. Zwischendurch hin und wieder umrühren und, falls nötig, mit Flüssigkeit auffüllen.

Wenn Fett raucht, ist's verdorben

Wenn ich Gäste habe, bereite ich einen großen Topf mit Gulasch zu und serviere dazu ein leckeres Brot, um damit die Sauce aufzutippen. Dazu passen sehr gut Nudeln oder Salzkartoffeln und ein grüner erfrischender Salat.

TIPP 1 Beim Gulaschanbraten braucht man wirklich Geduld. Wenn Sie keinen Schmortopf mit großem Boden haben, braten Sie das Fleisch besser in kleineren Portionen an, damit nicht zu viel Fleischsaft austritt und das Gulasch zäh wird. Das angebratene Gulasch mit Bratensaft beiseitestellen und den Schmortopf immer wieder gut erhitzen. Wenn alles angebraten ist, das Fleisch mitsamt dem aufgefangenen Bratensaft wieder in den Schmortopf geben.
TIPP 2 Auch beim Gulasch schmore ich gern eine kleingeschnittene Kartoffel mit, dann ist die Sauce schon sämig und braucht in der Regel nicht mehr angedickt zu werden. Sonst tut es ein bisschen Speisestärke.

Wenn Sie etwas anderes versuchen möchten:
Eine besondere Note bekommt das Gulasch durch getrocknete Steinpilze, die ich mindestens 20 Minuten in warmem Wasser einweiche. Das Pilzwasser nehme ich zum Ablöschen.

ROULADEN
WIE BEI OMA

Der Geruch von Rouladen hat für mich mit Sonntag zu tun. Auch wenn er bei meiner Oma bereits am Sonnabend durch das Haus zog. Dann hat sie das Fleisch nämlich schon mal vorbereitet und angebraten.

Sie brauchen für 4 Personen:

Für die Rouladen:
50 g fetten oder durchwachsenen Speck
1 große Gewürzgurke
2 mittelgroße Zwiebeln
4 Scheiben Rollfleisch, dünn geschnitten
Senf
Pfeffer

Zum Schmoren:
2–3 mittelgroße Zwiebeln
1 Karotte
1 Stück Sellerie
2–3 Tomaten
Butterschmalz
¼ l Brühe

1 Speck und Gewürzgurke in kleine Würfel schneiden; Zwiebeln pellen und ebenfalls in kleine Würfel schneiden und alles vermengen.

2 Das Fleisch von einer Seite dünn mit Senf einstreichen, dann pfeffern.

3 Den Speck, die Zwiebeln und die Gewürzgurke gleichmäßig auf die Rouladen verteilen. Einen kleinen Rand rundherum nicht belegen, sodass die Füllung später nicht aus der Rolle quillt.

4 Das Fleisch mit der Masse aufrollen und mit Küchengarn wie ein Paket verschnüren. Sie können auch Rouladenklammern oder Holzspieße verwenden.

5 Danach die Zwiebeln für die Sauce pellen und vierteln, die Karotte und den Sellerie schälen und in große Stücke schneiden, die Tomaten waschen und die Stielansätze herausschneiden.

6 Einen großen Schmortopf ohne Fett erhitzen. Sie erkennen, ob der Topf heiß genug ist, wenn Sie einen Tropfen Wasser auf den Topfboden geben. Wenn der Wassertropfen tanzt, ist der Topf heiß genug.

7 Butterschmalz hineingeben und schmelzen. **ABER ACHTUNG!** Das Fett darf nicht rauchen, sonst ist es verdorben und muss entsorgt werden.

8 Die Rouladen hineinlegen und von allen Seiten braun anbraten.

9 Zwiebeln, Karotte, Sellerie und Tomaten dazugeben und kurz anrösten.

10 Rouladen mit der Brühe ablöschen. Dabei das Angesetzte vom Topfboden loskochen. Eventuell den Kochlöffel zu Hilfe nehmen.

11 Deckel auf den Topf setzen, die Hitze auf kleine Temperatur reduzieren und alles ca. 1½ bis 2 Stunden langsam gar schmoren lassen. Ich wende die Rouladen in dieser Zeit mehrmals und fülle notfalls heiße Flüssigkeit auf, wenn zu viel verdampft ist.

12 Die Rouladen aus dem Sud nehmen und von Band, Klammer oder Holzspieß befreien.

13 Den Sud mit dem Gemüse durch ein Sieb passieren.

14 Falls die Sauce zu dünn ist, mit Speisestärke binden. Dafür aber alles noch einmal aufkochen lassen.

15 Die Rouladen in die Sauce geben und servieren.

Ich schmecke die Rouladensauce mit Rotwein und Sauerrahm ab. Wenn ich Letzteres nicht habe, gehen auch Sahne oder Crème fraîche.

Dazu passen Salzkartoffeln oder Kartoffelpüree und alle Arten von Gemüse, je nach Saison. So gab es die Rouladen sonntags bei Oma.

TIPP Rouladen lassen sich auch wunderbar einfrieren. Dafür sollte man gleich ein paar mehr zubereiten.

GESCHMORTER SCHWEINENACKEN MIT VIEL KNOBLAUCH

Schweinenacken ist ein etwas fetteres Fleischstück und daher sehr saftig und zart. Von diesem Rezept werden 6 Personen satt.

Sie brauchen:

2 Knoblauchknollen

2 kg Schweinenacken, vom Knochen befreit (die Knochen klein hacken lassen, das macht Ihr Schlachter gern für Sie)

groben Pfeffer aus der Mühle

groben Dijon-Senf

2–3 Zwiebeln

2 Tomaten

Butterschmalz

1–2 Lorbeerblätter

6 Nelken

⅛ l Weißwein

1 Becher Sahne

1 Prise Zucker

1 Die Knoblauchzehen schälen.

2 Mit einem kleinen spitzen Messer kleine Taschen rundherum in das Fleisch schneiden und die Knoblauchzehen in die Taschen stecken.

3 Das Fleisch pfeffern und mit dem Senf bestreichen.

4 Zwiebeln pellen und vierteln, Tomaten waschen und Stielansätze herausschneiden.

5 Ofen auf 180 Grad vorheizen.

6 Einen großen Schmortopf ohne Fett erhitzen. Sie erkennen, ob der Topf heiß genug ist, wenn Sie einen Tropfen Wasser auf den Topfboden geben. Wenn der Wassertropfen tanzt, ist der Topf heiß genug.

7 Butterschmalz in den heißen Schmortopf geben und das Fleisch von allen Seiten gut anbraten.

8 Das Fleisch aus dem Schmortopf nehmen.

9 Die Knochen in den Schmortopf geben und ebenfalls kräftig anbraten.

10 Zwiebeln, Tomaten, Lorbeer und Nelken dazugeben und kurz anrösten.

11 Mit dem Weißwein ablöschen. Dabei das Angesetzte vom Topfboden loskochen. Eventuell den Kochlöffel zu Hilfe nehmen.

12 Das Fleisch zurück in den Schmortopf geben und Deckel auf den Topf setzen.

13 Im Ofen auf der mittleren Schiene 2 bis 3 Stunden schmoren lassen.

14 Ab und zu mit dem Schmorsud begießen, damit das Fleisch nicht austrocknet, und einmal wenden.

15 Nach Ende der Garzeit den Schmorbraten herausnehmen, in Alufolie packen und ruhen lassen.

16 Die Knochen herausfischen.

17 Den Schmorsud durch ein Sieb geben und das Gemüse passieren.

18 Die Sauce mit Sahne und 2 Esslöffel Senf abschmecken. Und eine Prise Zucker dazugeben!

Den Braten aufschneiden, die Sauce dazugeben und mit einem leckeren Salat und einem Stück Brot servieren. Einfach köstlich!

TIPP Um eine gute Bindung der Sauce zu erreichen, schmore ich eine kleingeschnittene Kartoffel mit.

Im Ofen Gebratenes

Der Duft eines Bratens im Backofen ist für mich wie eine Liebeserklärung an die ganze Familie oder gute Freunde. Denn wenn ein Braten in der Röhre steckt, gibt es in der Regel einen besonderen Anlass. Und sei es auch «nur» der Sonntagsbraten.

Ich finde es schade, dass der Sonntagsbraten im täglichen Überfluss als Institution in Vergessenheit geraten ist. Leisten wir uns doch heute alles und zu jeder Zeit. Aber laden Sie mal Freunde zu einem Braten ein. Ich bin sicher, dass Sie auf einem hohen Treppchen stehen werden. Und Ihnen Anerkennung für Ihre Kochkünste zuteilwird! Einfach mal versuchen.

Ich brate im Backofen sehr gern große Fleischstücke wie Krustenbraten, Roastbeef oder Geflügel. Allerdings muss ich mir dafür Zeit nehmen, denn so ein Stück Fleisch ist nicht in einer halben Stunde fertig. Ein Braten braucht etwas Geduld und Fürsorge. Er muss gewendet und begossen werden, da er sonst austrocknet.

Und dann ist da auch die Sache mit der Sauce. Wie bekomme ich so viel davon, dass man auch noch mit einem Stück Brot die Sauce aufstippen kann?

Wenn ich einen Braten zubereite, schmore ich viel Gemüse mit und lasse es auch anbräunen. Ganz zum Schluss, wenn der Braten sich ausruhen darf, koche ich dann, was das Zeug hält, alles Braungebrannte vom Topf, denn das gibt den Geschmack für die Sauce.

Hilfreich beim Braten im Backofen sind für mich außerdem das Bratenthermometer und der Küchenwecker.

Da ich ein bisschen faul bin und die Backofenreinigung nicht zu meiner Lieblingsbeschäftigung gehört, benutze ich meistens einen Bräter mit Deckel. Ich kann in dem guten

Stück anbraten, weil er einen Boden hat, den ich auch auf einer Herdplatte benutzen kann, und der Backofen ist vor Fettspritzern geschützt.

Und nun mal ran an den Backofen. Schwer zuzubereiten ist ein Braten gar nicht.

KRUSTENBRATEN

Krustenbraten muss mal sein!

Wobei für mich nicht das Fleisch das Wichtigste ist, sondern die Kruste. Wenn meine Mutter ihn zubereitet hat und der fertige Braten zum Ruhen einfach nur dastand, gab es für uns Kinder schon mal Küchenverbot. Vielleicht kennen Sie ja auch die angeknabberten Krustenbraten, und keiner will es gewesen sein!

Sie sollten einen ausreichend großen Braten kaufen: erstens wegen der Kruste und zweitens, weil ein großer Braten saftiger bleibt. Die Garzeiten kann ich nur ungefähr angeben, denn jedes Stück Fleisch ist anders und jeder Herd auch. Fragen Sie Ihren Schlachter, was er zu Ihrem Fleischstück meint.

Sie brauchen für 6 Personen:

2 kg Schweinebraten mit Schwarte (lassen Sie sich die
 Schwarte vom Schlachter rautenförmig einschneiden,
 der hat die besten Messer dafür)
Salz, Pfeffer
Wasser
2 Zwiebeln
2 – 3 Karotten
2 Tomaten
Pflanzenöl oder Butterschmalz zum Anbraten
1 – 2 Lorbeerblätter
4 – 6 Nelken
1 TL Pfefferkörner
1 Tasse Bier

1 Den Braten mit Salz und Pfeffer kräftig einreiben und ca. 2 Stunden im Kühlschrank ruhen lassen.

2 Dann den Braten noch ½ Stunde bei Zimmertemperatur stehen lassen.

3 Wasser ca. 1 Zentimeter hoch in einen Topf füllen, der so groß ist, dass der Braten mit der Schwarte bequem hineinpasst, und zum Kochen bringen.

4 Den Braten mit der Schwartenseite im Wasser ca. 8 Minuten köcheln lassen. Die Kruste wird dadurch nicht so hart, sondern einfach nur knusprig.

5 Zwiebeln pellen, Karotten schälen und beides in grobe Stücke schneiden.

6 Tomaten waschen und Stielansätze herausschneiden.

7 Ofen auf 220 Grad vorheizen.

8 Wenig Fett in einem Bräter erhitzen und den Braten mit der Schwartenseite nach unten ca. 20 bis 30 Minuten im Ofen braten.

9 Den Braten wenden, das Gemüse um den Braten legen und die Gewürze dazugeben.

10 Je eine Tasse Wasser und Bier dazugeben.

11 Die Ofentemperatur auf 160 Grad reduzieren und den Braten ca. 2 Stunden im Ofen braten. In dieser Zeit den Braten alle 20 Minuten mit dem Bratensud begießen. Stellen Sie sich den Küchenwecker.

TIPP Falls zu viel Bratensud verdunstet ist zum Begießen, etwas heißes Wasser seitlich nachgießen.

12 Nach ca. 2 Stunden die Ofentemperatur auf höchste Stufe stellen und nochmals ca. 10 Minuten braten. Dabei nicht mehr mit dem Sud begießen, damit die Kruste wirklich schön knusprig wird. Die Schwarte stattdessen mit kaltem Salzwasser bestreichen. Aber aufpassen! Die Kruste wird jetzt auch schnell schwarz.

13 Den fertigen Braten aus dem Bräter nehmen und ruhen lassen. Nicht in Alufolie wickeln, sonst war die ganze Mühe mit der Kruste umsonst.

14 Den Bratensud vom Boden und den Wänden des Bräters mit Wasser loskochen und mit dem Gemüse durch ein Sieb passieren.

15 Wenn die Sauce zu dünn ist, binden. Dazu Speisestärke in etwas Wasser einrühren, in den Bratensud geben und kurz aufkochen lassen.

GARPROBE Sie können vor dem Braten ein Fleischthermometer in die dickste Stelle des Bratens stecken und dort ablesen, wann der Braten gar ist. Bei einem Schweinebraten sollte die Kerntemperatur 85 Grad betragen.

Wer mag, kann die Bratensauce mit 1 bis 2 Esslöffeln Schmand verfeinern. Auch ein Schuss Rotwein ist nicht verkehrt.

Dazu gehören eigentlich Kartoffelklöße und Rotkohl. Aber beim Rezept für Kartoffelklöße muss ich leider passen (siehe Seite 44).

Wenn vom Braten Reste bleiben, schmecken diese auch kalt auf einem Brötchen oder leckerem Brot. Die Kruste ist ja eh weggenascht.

ROASTBEEF

Roastbeef ist in unserer Familie ein beliebtes Festessen. Wir essen es kalt mit Remouladensauce und Rosmarinkartoffeln.

Bereits am Vortag wird alles vorbereitet: das heißt die Pellkartoffeln gekocht, das Roastbeef gebraten und die Remoulade gerührt. Am Tag selbst pellen wir dann gemeinsam die Kartoffeln. So haben wir viel Zeit miteinander und füreinander.

Sie brauchen für 4 bis 6 Personen:

1 – 2 kg sehr gut abgehangenes Roastbeef (die Fettschicht vom Roastbeef nicht entfernen, aber vom Schlachter bis zur Haut einschneiden lassen, so bleibt das Fleisch beim Braten in Form)

Pfeffer, Senf

2 – 3 Tomaten

1 – 2 Zwiebeln

Butterschmalz oder Öl

1 Tasse Wasser

evtl. Rotwein für die Sauce

Speisestärke

1 Das Fleisch pfeffern und gut mit Senf bestreichen.

2 Tomaten waschen, Stielansatz entfernen und halbieren.

3 Zwiebeln pellen und vierteln.

4 Den Backofen auf 200 Grad vorheizen.

5 Butterschmalz in einem Bräter erhitzen.

6 Den Braten von allen Seiten anbraten.

7 Die Fettseite nach oben legen und die Tomaten, Zwiebeln und das Wasser dazugeben.

8 Den Braten in den Backofen schieben und ca. 30 Minuten braten.

9 Den fertigen Braten aus dem Ofen nehmen, in Alufolie einwickeln und unbedingt 10 Minuten ruhen lassen, damit der Fleischsaft stockt und beim Schneiden nicht austritt.

10 Den Bratensatz mit etwas Wasser oder Rotwein loskochen.

11 Zum Binden der Sauce Speisestärke in etwas Wasser einrühren, in den Bratensud geben und aufkochen lassen.

GARPROBE Beim Roastbeef eignet sich das Fleischthermometer besonders gut. Bei einer Kerntemperatur von 50 Grad ist das Fleisch englisch, das heißt blutig, bei 60 Grad rosa und bei 70 Grad durch.

**Sehr schonend bereiten Sie das Roastbeef
auch mit der Niedriggarmethode zu:**

1 Das Fleisch dafür genau wie oben beschrieben vorbereiten.

2 Von allen Seiten scharf anbraten und Gemüse hinzugeben.

3 Den Ofen auf 80 Grad vorheizen.

4 Braten in 2½ bis 3 Stunden im Ofen braten.

Dieser Braten braucht nicht zu ruhen, da sich bei dieser langsamen Garmethode der Fleischsaft schon gesetzt hat.

Für die Rosmarinkartoffeln:

1 Kleine Pellkartoffeln kochen (am besten schon am Vortag).

2 Je nach Größe die Pellkartoffeln halbieren und in eine feuerfeste Form legen.

3 Salzen, mit kleingeschnittenen Rosmarinnadeln bestreuen und Olivenöl darüberträufeln.

4 Ca. 10 bis 15 Minuten im Ofen bei 180 Grad backen.

Wenn Sie junge Kartoffeln haben, brauchen Sie die Kartoffeln nicht zu pellen.

SÜSSSPEISEN UND KUCHEN

Etwas Süßes braucht jeder mal. Deshalb lieben viele zur Abrundung eines guten Essens auch ein schönes Dessert oder ein Stück Kuchen. Wichtig zu wissen: Beim Backen kommt es darauf an, dass das Verhältnis der Zutaten zueinander stimmt. Da kann man, anders als beim Kochen, nicht immer die eine Zutat durch eine andere ersetzen oder etwas mehr Eier oder weniger von der Flüssigkeit nehmen.

Da ich lieber koche als backe, sind ein paar der folgenden Rezepte geliehen. Sie sind aber darum nicht minder erprobt.

QUARKAUFLAUF MIT ÄPFELN

Meine Oma hat den Quarkauflauf mit Äpfeln als Nachspeise oder aber auch als süßes Hauptgericht serviert, vor allem dann, wenn viele satt werden mussten. Er kann kalt gegessen werden, schmeckt aber besonders gut, wenn er frisch aus dem Ofen kommt.

Sie brauchen für 6 Personen:

½ kg würzige Äpfel (z. B. Boskop)
1 Zitrone
2 – 3 Eier
125 g Zucker
500 g Magerquark
4 EL Grieß
½ Päckchen Backpulver
Semmelbrösel
125 g Butter

1 Die Äpfel schälen, in Stückchen schneiden und mit Zitronensaft beträufeln, damit sie nicht braun werden.

2 Eigelb und Eiweiß trennen (siehe Tipp auf Seite 81).

3 Zucker und Eigelb in eine große Rührschüssel geben und mit dem Handrührgerät schaumig rühren.

4 Den Magerquark dazugeben und alles gründlich verrühren.

5 Den Grieß mit dem Backpulver mischen und unter den Quarkteig rühren.

6 Das Eiweiß in einer anderen Schüssel ebenfalls mit dem Handrührgerät zu festem Eischnee schlagen.

7 Dann den Eischnee mit einer Gabel vorsichtig unter den Quarkteig heben.

8 Die Äpfel in den Teig geben und vorsichtig verrühren.

9 Eine Auflaufform etwas einfetten und den kalten Teig hineinfüllen.

10 Semmelbrösel fein reiben (mit einer Reibe oder in der Küchenmaschine mit dem Schneidmessereinsatz) und etwa 2 Millimeter dick über den Teig streuen.

11 Butterflöckchen obenauf setzen.

12 Den Ofen auf 170 Grad vorheizen und den Quarkauflauf auf der mittleren Schiene backen. Nach ca. 40 Minuten eine Stäbchenprobe machen, um zu sehen, ob der Teig durch ist, und eventuell noch etwas länger im Ofen lassen. Der Auflauf sollte goldbraun werden. Damit er nicht zu dunkel wird, kann man ihn die letzten 10 Minuten abdecken.

Die Stäbchenprobe

Es gibt eine einfache Methode, um zu erkennen, ob ein Teig durchgebacken ist. Nehmen Sie dazu ein dünnes Holzstäbchen (zum Beispiel einen Fleischspieß) und stechen Sie in die dickste Stelle des Teiges. Wenn Sie das Stäbchen herausziehen, darf kein Teig mehr daran kleben.

HAMBURGER ROTE GRÜTZE MIT SAHNE

Rote Grütze mit Sahne war für uns der Inbegriff des Sommers. Hier können alle roten Beeren und Früchte, die im Sommer reif sind, zu einer leckeren Grütze verarbeitet werden. Außerhalb der Saison kann man sich mit tiefgefrorenen Beeren oder sogar einem Glas Schattenmorellen behelfen. Bei uns gab es rote Grütze immer mit leicht angeschlagener Sahne oder einfach nur mit kalter Milch.

Sie brauchen für 4 Personen:

500 g frische rote Früchte wie Erdbeeren, Himbeeren, Rote Johannisbeeren, Sauerkirschen
¼ l Wasser
100 g Puderzucker
1 Päckchen Vanillesaucenpulver
1 Tasse Wasser
1 cl Sherry
evtl. Sahne, Vanillesauce, Vanilleeis

1 Die Beeren in einem Sieb unter fließendem kaltem Wasser vorsichtig waschen, abtropfen lassen und Stiele (bei Kirschen auch die Kerne) entfernen.

2 Das Wasser mit dem Puderzucker aufkochen.

3 Die Beeren in den Topf geben und kurz aufkochen.

4 Dann die Hitze so weit reduzieren, dass die Grütze nur noch simmert, bis die Beeren weich sind.

5 Das Päckchen Vanillesaucenpulver in eine Tasse Wasser einrühren, bis es eine glatte Masse ist.

6 Diese in die heißen Früchte einrühren und noch einmal kurz aufkochen.

7 Eine Schüssel mit kaltem Wasser ausspülen und die rote Grütze hineinfüllen.

8 Alles mit einem Schuss Sherry abschmecken und die Grütze erkalten lassen.

9 Die rote Grütze während des Erkaltens mehrmals umrühren, so bildet sich keine Haut.

Rote Grütze schmeckt auch gut mit flüssiger süßer Sahne, Vanillesauce, Vanilleeis oder zu Milchreis.

MILCHREIS MIT APFELMUS ODER APFELKOMPOTT

Milchreis war bei uns der absolute Klassiker unter den Süßspeisen. Er schmeckt warm ebenso gut wie kalt. Die Variationen sind fast unbegrenzt: ob mit Kirschen oder wie hier mit Apfelmus, mit untergehobener Schlagsahne oder ganz schlicht mit zerlassener Butter, Zucker und Zimt. Und wenn gleichzeitig das Apfelmus gekocht wird, macht der Duft schon Appetit.

Für die Zubereitung benötigt man aber etwas Zeit und Aufmerksamkeit. Milchreis braucht fast eine Dreiviertelstunde zum Garen und darf nicht aus den Augen gelassen werden, weil er leicht anbrennt, sobald der Reis gar ist.

Sie brauchen für das Grundrezept für 4 Personen:

1 unbehandelte Zitrone
½ Vanilleschote
gut ½ l Milch
1 Prise Salz
10 g Butter
30 g Zucker
125 g Rundkornreis, auch als Milchreis erhältlich

1 Schale von der Zitrone abreiben.

2 Vanilleschote der Länge nach aufschneiden.

3 Milch in einen Topf geben und Salz, Butter, die aufgeschnittene Vanilleschote, Zucker und die Zitronenschale hinzufügen.

4 Die Milch bei mittlerer Temperatur zum Kochen bringen.

5 Den Reis hineinrieseln lassen und unter Rühren einmal kurz aufkochen.

6 Die Herdplatte sofort auf die niedrigste Stufe herunterschalten und den Reis mit geschlossenem Deckel ca. 40 Minuten quellen lassen.

7 Zum Schluss die Vanilleschote herausfischen und den Milchreis auf Tellern anrichten.

TIPP Ich nehme immer etwas mehr Milch und rühre zwischendurch um. Wer jemals einen Topf mit angebranntem Milchreis schrubben musste, weiß, weshalb.

Für das Apfelmus:

1. 4 bis 6 Äpfel (je nach Größe) mit Schale und Kerngehäuse in grobe Stücke schneiden und in einen Topf geben.

2. Den Topfboden knapp einen Fingerbreit mit Wasser bedecken (ca. ¼ Liter).

3. Eine Stange Zimt (hier kann man sich auch mit Zimtpulver behelfen) und Zucker nach Geschmack zufügen. Bei süßen Apfelsorten braucht man natürlich weniger Zucker als zum Beispiel beim Boskop.

4. Alles zum Kochen bringen.

5. Sobald das Wasser kocht, die Hitze auf niedrige Temperatur reduzieren und den Topf mit einem Deckel schließen.

6. Wenn die Äpfel ganz weich gekocht sind, den Topf vom Herd nehmen.

7. Die Apfelmasse zu einem feinen Mus passieren. Am schnellsten geht das mit einer sogenannten flotten Lotte, das ist ein Passiersieb mit Aufsatz. Man kann die Masse aber auch mit einem Löffel durch ein Sieb passieren. Die Apfelmasse dafür nach und nach ins Sieb geben.

Durch das Mitkochen von Schalen und Kerngehäusen ist das Apfelmus sehr aromatisch.

Für das Apfelkompott:

1 Die 4 bis 6 Äpfel (je nach Größe) schälen, vierteln, entkernen und in kleine Stücke oder Spleiße schneiden.

2 Wie beim Apfelmus mit etwas Wasser, Zucker und Zimt zum Kochen bringen und anschließend abgedeckt und bei kleiner Hitze gar kochen.

Man kann die Apfelstückchen so weich kochen, dass man sie mit dem Kartoffelstampfer im Topf zu einem feinen Kompott verarbeiten kann. Oder aber man lässt sie mit etwas Biss so, wie sie sind, und serviert das Kompott mit den Apfelstückchen. Sehr lecker schmecken dazu ein paar Rosinen und/oder Mandelsplitter.

SÜSSE PFANNKUCHEN ODER EIERKUCHEN

Pfannkuchen sind schnell gemacht. Ich war als Kind damit glücklich. Meine Kinder waren damit glücklich. Und auch heute noch machen Pfannkuchen Kinder glücklich. Frisch aus der Pfanne schmecken sie am besten.

Sie brauchen für 4 Personen:

150 g Mehl
3 Eier
¼ l Milch
1 Prise Salz
neutrales Öl zum Backen

1 Das Mehl in eine Schüssel geben und nach und nach die Eier und die Milch dazugeben und zu einem dünnflüssigen Teig verrühren.

2 Die Prise Salz hinzufügen.

3 Den Teig eine halbe Stunde quellen lassen.

4 Pfanne auf die Herdplatte stellen und bei mittlerer Temperatur heiß werden lassen.

5 Reichlich Bratfett in die Pfanne geben.

6 Mit der Schöpfkelle etwas Teig in die Mitte der Pfanne geben. Die Pfanne dabei etwas hin und her schwenken, sodass sich der Teig gleichmäßig über den ganzen Pfannenboden verteilt.

7 Wenn der Pfannkuchen an der Oberseite trocken wird, ein wenig an der Pfanne rütteln. Dadurch löst sich der Pfannkuchen vom Pfannenboden. Die Unterseite ist dann goldbraun.

8 Den Pfannkuchen mit dem Pfannen-wender umdrehen. Geübte Köche werfen Pfannkuchen zum Drehen mit Schwung in die Luft, fangen ihn dann aber auch mit der Pfanne wieder auf.

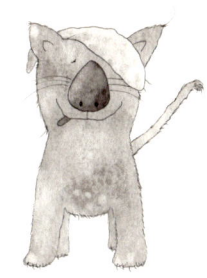

9 Immer wieder frisches Fett in die Pfanne geben, wenn nicht mehr genü-gend drin ist, und den Pfannkuchen auch auf der zweiten Seite goldbraun backen.

Der erste Pfannkuchen wird meistens nicht so schön, denn die Pfanne muss sich erst einbraten. Also nicht verzagen!

Pfannkuchen schmecken gut mit Apfelmus, Zimt und Zucker.

Oder Pfannkuchen mit Marmelade, Ahornsirup oder Ho-nig bestreichen.

Oder backen Sie Apfelstückchen oder Schattenmorellen mit.

TIPP 1 Ein kleiner Schuss kohlensäurehaltiges Mineralwasser im Teig macht ihn noch lockerer!

TIPP 2 Pfannkuchen, in einer kleinen Pfanne gebacken, lassen sich leichter wenden.

QUARKTORTE
ODER KÄSEKUCHEN

Meine Oma hat erzählt, dass dieser Kuchen früher im alten
Küchenofen, der Kochhexe, in der Warmhalteluke stundenlang langsam vor sich hin gebacken wurde. Dort war es
nicht viel heißer als 50 bis 80 Grad, und der Kuchen konnte
ganz in Ruhe aufgehen und stocken. Den ganzen Tag zog
dann dieser herrliche Duft durch das Haus, und jeder freute
sich auf den nächsten Tag, an dem der Kuchen gegessen
werden durfte.

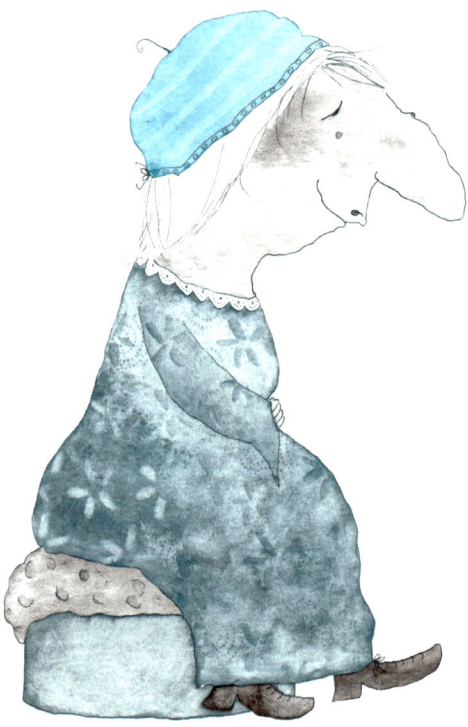

Die kleinen Kochhexen findet man wohl in keiner Küche mehr. Darum schmeckt der Kuchen nicht weniger fein aus einem modernen Backofen. Außerdem geht es heute viel schneller.

Da dieser Kuchen keinen gesonderten Boden bekommt, ist er sehr einfach zuzubereiten.

Sie brauchen:

5 Eier
275 g Zucker
125 g Butter
2 EL Grieß (nicht vergessen: Omas Silberlöffel waren riesig, für heutige Verhältnisse sind es eher 3 Esslöffel)
1 Zitrone
1 Päckchen Vanillesaucenpulver
1 Päckchen Vanillezucker
1 EL Stärkepulver (Mondamin o. Ä.)
½ Päckchen Backpulver
1 ¼ kg Magerquark (fünf kleine Päckchen)

1 Eier, Zucker und Butter in einer großen Schüssel cremig rühren.

2 Grieß, Zitronensaft, Vanillesaucenpulver, Vanillezucker sowie die Stärke und das Backpulver dazugeben und unterrühren.

3 Dann den Quark nach und nach unterrühren.

4 Eine Springform fetten.

5 Den Teig hineinfüllen und bei 175 Grad ca. 1 Stunde backen.

6 Den Kuchen auskühlen lassen. Vor dem Ablösen des Ringes der Springform unbedingt einmal mit einem scharfen Messer den Rand vom Kuchen lösen.

Man kann den Kuchen auch variieren, indem man 2 Dosen gut abgetropfte Mandarinen oder 1 Glas Kirschen unterhebt.

TIPP Am besten legt man ein Backpapier unter die Springform, da der Kuchen beim Backen ein wenig tropft.

PFLAUMENKUCHEN MIT STREUSELN

Einen Pflaumenkuchen zu machen ist relativ aufwendig, da es seine Zeit dauert, bis alle Früchte entsteint und eingeritzt sind. Wir hatten danach immer eingefärbte Finger, und unsere Mutter hat ihn nicht so gern gebacken, wenn Besuch erwartet wurde. Denn die Farbe blieb auch mal ein bis zwei Tage an den Fingerkuppen haften. Das soll aber niemanden davon abschrecken, diesen köstlichen Kuchen in der Pflaumenzeit zu backen. Schließlich gibt es heute feine Latexhandschuhe, mit denen man wunderbar Pflaumen entsteinen kann, ohne sich die Finger einzufärben.

Sie brauchen:

Für den Teig:
150 ml lauwarme Milch
20 g frische Hefe
60 g Zucker
300 g Mehl
50 g Butter
1 Prise Salz

Für den Belag:
1 ½ kg Pflaumen

Für die Streusel:
200 g Mehl
100 g Butter
100 g Zucker
1 Prise Salz

1 Die Milch anwärmen.

2 Die Hälfte davon abnehmen und die Hefe mit einem Teelöffel Zucker darin verrühren.

3 Ein Viertel des Mehls in eine Schüssel füllen und mit der
Hefemilch verrühren.

4 Die Butter in Flöckchen um den Vorteig legen.

5 Schüssel mit einem Tuch abdecken. Den Teig an einem
zugfreien warmen Ort ca. 20 Minuten aufgehen lassen.

6 Dann die restlichen Zutaten mit dem Hefeteig und der
Butter vermengen und mit den Händen zu einem geschmeidigen Teig verkneten.

7 Wieder alles abdecken und weitere 30 Minuten an einem
warmen Ort aufgehen lassen.

8 Den Teig anschließend auf einem gebutterten und bemehlten Backblech ausrollen und ein letztes Mal bei 50
bis 60 Grad ca. 15 Minuten im Ofen aufgehen lassen.

9 Während der Teig geht, die Pflaumen waschen und entsteinen.
Dafür die Pflaumen in Längsrichtung zur Hälfte einschneiden und den Stein entfernen.
Die Pflaumen anschließend an
den beiden Enden einmal ca. ½
bis 1 Zentimeter tief einritzen, sodass sie beim Backen aufblättern können.

10 Die Pflaumen werden mit der Haut nach oben dicht an dicht auf den Hefeteigboden gesetzt und mit 2 bis 3 Teelöffeln Zucker bestreut.

11 Für die Streusel Mehl, sehr weiche Butter, Zucker und eine Prise Salz mit den Händen verkneten und alles mit einer Gabel zu Streuseln verkrümeln.

12 Streusel gleichmäßig über die Pflaumen verteilen.

13 Den Kuchen auf der mittleren Schiene bei 180 Grad ca. 50 Minuten backen.

Apfelkuchen

Dieser Apfelkuchen hat es in sich. Er ist eine echte Kalorien-
bombe, wie man so schön sagt. Aber er ist ungeheuer lecker
und unwiderstehlich. Um ihn weniger gehaltvoll zu backen,
kann man Teile der Sahne auch durch Milch ersetzen.

Sie brauchen:

Für den Teig:
100 g Zucker
1 Päckchen Vanillezucker
125 g Butter
1 Ei
2 TL Backpulver
200 g Mehl

Für die Füllung:
4–5 Äpfel
Zitronensaft
750 ml Sahne
100 g Zucker
1 Packung Vanillepuddingpulver

1 Die Äpfel schälen, vierteln, entkernen, in Spleiße schneiden und mit ein paar Tropfen Zitronensaft beträufeln, damit sie nicht braun werden.

2 Für den Teig Zucker, Vanillezucker und Butter in eine Schüssel geben und schaumig rühren.

3 Dann das Ei hineinrühren.

4 Das Backpulver mit dem Mehl vermengen und nach und nach unter die Masse rühren.

5 Eine Springform fetten.

6 Die Springform mit dem Mürbeteig auslegen (auch den Rand hoch) und die Apfelspleiße darauf verteilen.

7 Sahne, Zucker und Puddingpulver nach Kochvorschrift des Puddingpulvers aufkochen und auf die Äpfel verteilen.

8 Den Kuchen auf der mittleren Schiene bei 175 Grad ca. 60 Minuten backen.

TIPP Der Apfelkuchen sollte gut durchgekühlt sein, bevor er gegessen wird. Er eignet sich darum besonders gut zur Zubereitung am Vortag.

VIELFRASSKUCHEN

Wie der Name schon sagt: Man kann bei diesem Kuchen nicht mehr aufhören, wenn man einmal von ihm genascht hat. Außerdem ist er so einfach und schnell gemacht, dass er sich ideal dafür eignet, auch spontanen Besuch mit einem Kuchen zu überraschen.

Als Maßeinheit dient der Sahnebecher.

Sie brauchen:

Für den Teig:
1 Becher Zucker
1 Päckchen Vanillezucker
4 Eier
1 Becher Sahne
2 Becher Mehl
1 Päckchen Backpulver
1 Prise Salz

Für den Belag:
125 g Butter
1 Becher Zucker
4 EL Milch
1 Päckchen Vanillezucker
200 g Mandeln, geblättert, gestiftelt oder gehackt

1 Zucker, Vanillezucker, Eier und Sahne schaumig rühren.

2 Nach und nach Mehl, Backpulver und die Prise Salz dazurühren.

3 Den Teig auf ein gefettetes Backblech gegeben.

4 Den Ofen auf 200 Grad vorheizen.

5 Den Teig auf der mittleren Schiene genau 10 Minuten backen, auf keinen Fall länger!

6 In der Zwischenzeit für den Belag Butter, Zucker, Milch und Vanillezucker schaumig rühren.

7 Die Mandeln unterheben.

8 Diese Masse gleichmäßig auf dem vorgebackenen Teig verteilen und erneut für wiederum 10 Minuten bei 200 Grad backen. Und fertig!

BUTTERKUCHEN

Butterkuchen darf natürlich nicht fehlen. Bei uns zu Haus war dafür mein Vater zuständig. Keiner konnte diesen Kuchen so locker zubereiten wie er. Aber es war auch seine Aufgabe, diesen Kuchen vor Feinden zu schützen. Denn wir wussten alle, dass dieser Kuchen noch warm am besten schmeckt.

Sie brauchen:

Für den Teig:
⅛ l Milch
40 g Hefe
100 g Zucker
500 g Mehl
100 g Butter
1 Prise Salz

Für den Belag:
125 g Butter
80 g gehobelte Mandeln oder Haselnüsse

Für die Glasur:
200 g Puderzucker
4 EL Zitronensaft

1 Die Milch anwärmen.

2 Die Hälfte davon abnehmen und die Hefe mit einem Teelöffel Zucker darin verrühren.

3 Ein Viertel des Mehls in eine Schüssel füllen und mit der Hefemilch verrühren.

4 Die Butter in Flöckchen um den Vorteig legen.

5 Die Schüssel mit einem Tuch abdecken und den Teig an einem zugfreien warmen Ort 15 bis 20 Minuten gehen lassen.

6 Dann die restlichen Zutaten mit dem Hefeteig und der Butter vermengen und mit den Händen zu einem geschmeidigen Teig verkneten.

7 Wieder alles abdecken und weitere 30 Minuten an einem warmen Ort gehen lassen.

8 Anschließend wird der Teig abgeschlagen. Dazu wird er entweder in der Schüssel, besser aber noch auf einem bemehlten Brett, durch Kneten und Schlagen locker und geschmeidig gemacht.

9 Den Teig dann auf einem gebutterten und bemehlten Backblech ausrollen und in kleinen Abständen Mulden in den Teig drücken.

10 Butterflöckchen in die Mulden setzen.

11 Die Mandeln oder Haselnüsse gleichmäßig auf den Teig streuen.

12 Das Blech mit dem Teig noch einmal 15 bis 20 Minuten an geschützter, warmer Stelle ruhen lassen.

13 Erst dann den Kuchen auf der mittleren Schiene bei 225 Grad 15 bis 18 Minuten backen und noch weitere 3 bis 5 Minuten im ausgeschalteten Ofen lassen.

14 Für die Glasur den Puderzucker mit dem Zitronensaft glatt rühren und mit einem Backpinsel dünn über den heißen Kuchen streichen.

SCHOKOLADEN-NUSS-KUCHEN – OMAS ORIGINALREZEPT

Okay! Butterkuchen war die Abteilung meines Vaters. Aber
der Schokoladen-Nuss-Kuchen meiner Mutter ist einfach
die Krönung. Ein Geburtstag ohne diesen Kuchen ist kein
Geburtstag. Das gilt für alle: Kinder und Enkelkinder.

Sie brauchen:

Für den Teig:
8 Eier
2 Tafeln gute Schokolade
6 Scheiben Knäckebrot
140 g Butter (Zimmertemperatur)
140–150 g Zucker
200 g geriebene Mandeln oder Haselnüsse
etwas Paniermehl
Für die Glasur:
1 Tafel Bitterschokolade
1 ½ Tafeln Vollmilchschokolade

1 Eigelb und Eiweiß trennen (siehe Tipp auf Seite 81).

2 Eiweiß so lange schlagen, bis es zu einem steifen Eischnee geworden ist. Wenn man die Schüssel umdreht und der Eischnee fällt nicht raus, ist er richtig.

3 Schokolade und Knäckebrot reiben.

4 Die Butter in eine Schüssel geben und schaumig rühren.

5 Zucker und Eigelb abwechselnd und nur allmählich zufügen und unterrühren. Wenn Sie zu viel Zucker und Ei auf einmal zufügen, kann das Fett ausflocken.

6 Kräftig ca. 20 Minuten weiterrühren, bis die Masse hell und locker ist. Durch das Rühren kommt Luft in den Teig, die sich beim Backen ausdehnt und den Teig lockert.

7 Geriebene Schokolade, Mandeln bzw. Haselnüsse und Knäckebrot allmählich zufügen und unterrühren.

8 Den Eischnee unterheben.

9 Kastenform fetten und ein bisschen Paniermehl gegen das Fett werfen. Dann bekommen Sie den Kuchen später leicht aus der Form heraus.

10 Teig hineinfüllen und bei 170 Grad auf der mittleren Schiene ca. 50 Minuten backen (Stäbchenprobe siehe Seite 187).

11 Kuchen aus der Form lösen und erkalten lassen.

12 Die Schokolade für die Glasur im Wasserbad erhitzen und verrühren (Wasserbad siehe Seite 95–96).

13 Den erkalteten Kuchen mit der Glasur überziehen. Dabei hilft ein Backpinsel.

Anhang

Küchenlatein

In der Küche gibt es eine ganze Reihe von Fachausdrücken, die für manche Ohren so fremd wie Latein klingen. Die folgende Auswahl hilft, sich in diesem und anderen Kochbüchern zurechtzufinden.

Abdämpfen Beim Abdämpfen lässt man das Restwasser (zum Beispiel von abgegossenen Kartoffeln) im offenen Topf auf ausgeschalteter Herdplatte verdampfen.

Abgießen oder Abseihen Kochwasser abgießen.

Ablöschen Nach dem Anbraten etwas Flüssigkeit zu Brat- oder Schmorgerichten zugießen. Dabei wird der Bratensatz, der am Pfannen- oder Topfboden eine braune Kruste gebildet hat, gelöst. Nicht weggießen – das ist die Basis für die Sauce.

Abschäumen Bei der Herstellung von Brühen oder Suppen bildet sich nach dem ersten Aufkochen geronnenes Eiweiß. Dieses wird mit einer Schaumkelle abgeschäumt.

Abschmecken Die Speise auf ihre Würzigkeit hin überprüfen und falls nötig nachwürzen.

Abschrecken   Garprozess (meist von Gemüse) mit kaltem Wasser schlagartig unterbrechen, um Vitamine und Farbe zu erhalten. Optimal ist Eiswasser.

Anbraten   Fleisch in heißem Fett von allen Seiten braun werden lassen. Das Fleisch erhält dadurch eine braune Kruste und bleibt durch das Schließen der Poren saftig.

Andünsten   Gargut in wenig Fett oder Flüssigkeit bei schwacher Hitze vorgaren. Nicht bräunen.

Anrösten   Knochen oder Gemüse von allen Seiten so lange anbraten, bis es bräunt.

Anschwitzen   Im Zusammenhang mit Gemüse: in heißem Fett kurz angaren, ohne dass es braun wird.
Im Zusammenhang mit Mehlschwitze: Mehl in heißer Butter unter Rühren anschwitzen, bis es keine Blasen mehr wirft. Durch Zugabe von Flüssigkeit entsteht die Sauce.

Aufgießen   Flüssigkeitsmenge ergänzen oder erhöhen.

Aufsetzen   Gefäß zum Kochen auf die Kochstelle geben. Heiß aufsetzen schließt die Poren, das Gargut bleibt saftig und wird nicht ausgelaugt; kalt aufsetzen entzieht dem Gargut das Aroma.

Auslassen   Feste Fette unter Hitzeeinwirkung verflüssigen, zum Beispiel Speck.

Ausnehmen   Eingeweide und Innereien eines geschlachteten Tieres herausnehmen.

Bardieren Sehr mageres Fleisch mit Speck umwickeln oder belegen, um das Austrocknen beim Braten zu verhindern.

Binden Suppen oder Saucen durch Mehl- oder Speisestärkezugabe eindicken. Mehl oder Stärke werden in kaltem Wasser angerührt und in die kochende Flüssigkeit gerührt. Gebunden werden kann unter anderem auch mit Eigelb oder einer mitgekochten Kartoffel. Wird mit Eigelb gebunden, das Ei in die warme Flüssigkeit einrühren, dann nicht mehr kochen, denn das Ei gerinnt.

Blanchieren Gemüse für 1 bis 5 Minuten in kochendes Wasser geben und anschließend eiskalt abschrecken. Gemüse behält die Farbe und bleibt knackig und bissfest.

Braten In der Pfanne in wenig heißem Fett garen oder im Backofen in heißer Luft garen.

Dämpfen Vor allem Gemüse mit wenig Flüssigkeit oder mit speziellem Dämpfeinsatz im Wasserdampf garen. Schont die Nährstoffe.

Dressieren Geflügel, Fisch oder Fleisch durch Zusammenbinden in die gewünschte Form bringen.

Dünsten Mit wenig Fett, Flüssigkeit oder im eigenen Saft ohne Bräunung bei geringer Hitze garen.

Einkochen Flüssigkeiten im offenen Topf verkochen, bis die gewünschte Menge oder Konsistenz erreicht ist.

Entfetten Etwas Wasser in eine klare Suppe geben. Das Fett steigt nach oben und kann abgeschöpft werden.

Filetieren Im Zusammenhang mit Fisch und Fleisch: das Herauslösen von Knochen oder Gräten und das Schneiden in längliche Scheiben (Filets).

Im Zusammenhang mit Obst: das Entfernen der Schale und Schneiden in einzelne Spalten.

Flambieren Zur geschmacklichen Aufwertung Speisen mit hochprozentigem Alkohol, zum Beispiel Kirschwasser oder Rum, übergießen, anzünden und brennend servieren.

Glasieren Überziehen von Speisen, unter anderem mit Zucker- oder Schokoladenglasur. Gemüse in heißer Butter mit Zucker vermischt so lange schwenken, bis der Zucker sich aufgelöst hat.

Glatt rühren Flüssigkeiten in eine feste Masse rühren, bis eine einheitliche glatte Beschaffenheit entsteht.

Gratinieren Speisen im Backofen unter starker Oberhitze überbacken, bis eine goldbraune Kruste entsteht.

Hachieren Sehr fein hacken.

Kandieren Früchte, Fruchtschalen oder Wurzeln in konzentrierter Zuckerlösung tränken und anschließend trocknen lassen.

Karamellisieren Zucker unter Hitze und Rühren verflüssigen und braun werden lassen.

Klären Trübstoffe in klarer Suppe durch Einrühren von Eischnee entfernen.

Kochen Kochgut über dem Siedepunkt garen.

Legieren Mit warmer Flüssigkeit verrührtes Ei oder Eigelb unter ständigem Rühren in die fertige, nicht mehr kochende Speise einlaufen lassen.

Marinieren Fisch, Fleisch, Wild oder Geflügel in eine gewürzte Flüssigkeit einlegen und ziehen lassen. Die Marinade verfeinert den Geschmack.

Panieren Fleisch- oder Fischstücke vor dem Braten oder Backen in Mehl, verquirltem Ei und Semmelbröseln (Paniermehl) wenden.

Parieren Fleisch von Sehnen, Fett, Häuten und Knochenresten befreien.

Passieren Flüssigkeiten durch ein feines Sieb oder ein Tuch streichen, um Rückstände zurückzuhalten.

Plattieren Fleisch flach klopfen.

Pochieren Garen bei wallendem Wasser.

Pökeln Lebensmittel mit Salz oder einer Salzlösung haltbar machen.

Prise Die Menge zum Beispiel von Salz, Zucker oder Gewürzen, die zwischen Daumen, Zeigefinger und Mittelfinger passt.

Pürieren Kartoffeln, Gemüse oder Obst zu einem glatten Brei verarbeiten. Auch Gemüse in Suppen werden püriert.

Putzen Bei Salaten und Gemüse welke Blätter, Schadstellen und Wurzelenden entfernen.

Quellen lassen Hülsenfrüchte in Flüssigkeit einweichen. Reis saugt sich mit der Kochflüssigkeit voll und quillt auf.

Reduzieren Sahne, Saucen und andere Flüssigkeiten so lange kochen, bis sie die gewünschte Konsistenz haben.

Rösten Lebensmittel ohne Zugabe von Fett bräunen.

Sämig kochen Saucen und Suppe so lange einkochen, bis eine cremige Masse entsteht. Auch mit Bindemitteln entsteht eine sämige Konsistenz.

Schlagen, Aufschlagen Mit einem Schneebesen oder Handrührgerät Luft in Flüssigkeiten kräftig einrühren.

Schmoren Angebratenes Fleisch unter Zugabe von Flüssigkeit in einem geschlossenen Topf langsam garen.

Schnetzeln Fleisch, Fisch oder Gemüse in dünne Streifen schneiden.

Seihen Flüssigkeit durch ein Sieb geben.

Simmern Garen in Flüssigkeit kurz unter dem Siedepunkt. Die Oberfläche soll nur ganz schwach bewegt werden, es dürfen keine Blasen aufsteigen.

Spicken Mageres Fleisch entlang der Fleischfaser mit Speckstreifen durchziehen.

Stocken Eine Speise fest werden lassen, unter anderem im Wasserbad wie zum Beispiel Eierstich.

Unterheben Eine schaumige Masse mit einer festeren vorsichtig vermengen, um letztere locker werden zu lassen. Nicht rühren.

Wasserbad Das Kochgut in einem kleineren Gefäß in einen größeren Topf mit kochendem Wasser hängen, etwa um das Anbrennen bei empfindlichen Saucen, Cremespeisen und Puddings zu verhindern. Ein kaltes Wasserbad wird zum Abkühlen von Speisen benötigt.

Haupterntezeiten von Gemüse aus dem einheimischen Freilandanbau

Wenn Sie sich beim Kochen an der Erntesaison der Gemüse orientieren, essen Sie nicht nur gut, Sie schonen auch den Geldbeutel. Die folgende Übersicht gibt Ihnen Anhaltspunkte, wann welches Gemüse Hochsaison hat. Allerdings

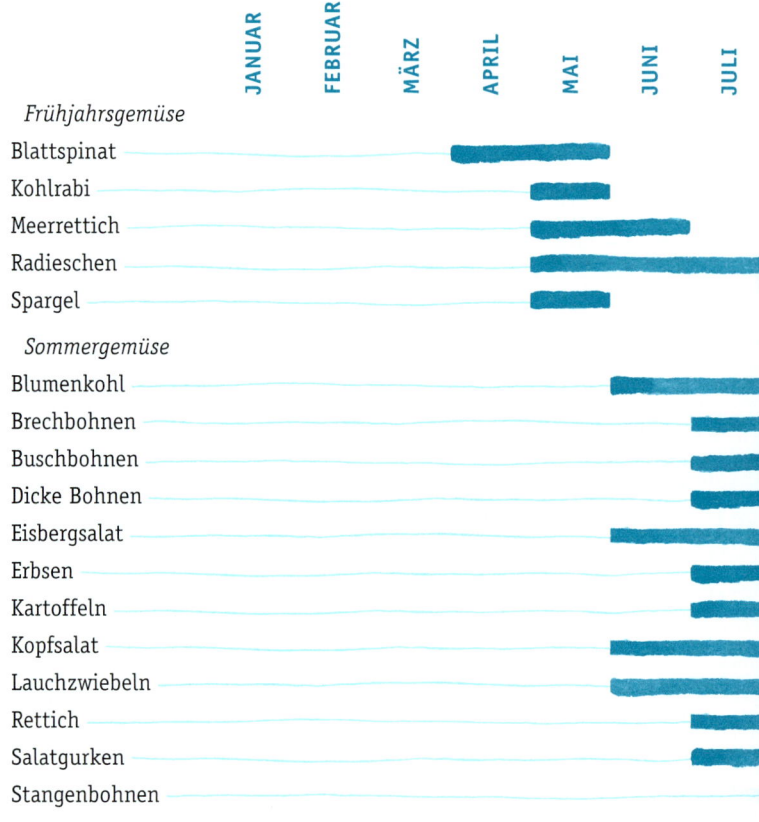

erstreckt Deutschland sich vom äußersten Norden bis in den Süden immerhin über rund 900 Kilometer. Da liegen die Haupterntezeiten regional natürlich etwas auseinander. Das sicherste Indiz für die Hochsaison sind die Marktpreise.

AUGUST **SEPTEMBER** **OKTOBER** **NOVEMBER** **DEZEMBER**

Lagerware ganzjährig

	JANUAR	FEBRUAR	MÄRZ	APRIL	MAI	JUNI	JULI
Tomaten						▬▬	▬
Zucchini							▬▬
Zuckermais							
Zwiebeln							

Herbst- und Wintergemüse

	JANUAR	FEBRUAR	MÄRZ	APRIL	MAI	JUNI	JULI
Blattspinat							
Bleichsellerie							
Chinakohl	▬▬						
Feldsalat	▬▬						
Fenchel							
Grünkohl							
Karotten							
Knollensellerie							
Kürbis							
Porree							
Rosenkohl							
Rote Beete							
Rotkohl							
Schwarzwurzeln							
Weißkohl							
Wirsing	▬▬						

AUGUST **SEPTEMBER** **OKTOBER** **NOVEMBER** **DEZEMBER**

Tomaten eignen sich nur bedingt für den Anbau im Freiland, da sie empfindlich auf Regen und Wind reagieren. Daher stammen Tomaten fast immer aus dem Gewächshaus.

Lagerware ganzjährig

zweite Ernte

Grünkohl muss vor der ersten Ernte Frost abbekommen.

Stichwortregister